LE CHOC DE LA MATERNITÉ

Ouvrage publié sous la direction
de Martina Wachendorff

Titre original
*Making Babies.
Stumbling into Motherhood*
Editeur original :
Vintage, Londres

ISBN 978-2-7427-7171-4

ANNE ENRIGHT

Le Choc de la maternité

traduit de l'anglais
par Chloé Baker

Avant-propos de Nancy Huston

ACTES SUD

AVANT-PROPOS

Ce livre fait partie d'une révolution.

Il relève d'un phénomène *inouï* dans les deux sens du terme – incroyable et non entendu.

Alors que cent pour cent des êtres humains sur la Terre ont eu pour premier séjour le ventre d'une femme, et alors que, de nos jours encore, la plupart des femmes sur la Terre passent une partie de leur vie à s'occuper de bébés, il existe un nombre dérisoire de textes de mères sur cette expérience fondamentale au sens le plus strict : le *fondement,* la *fondation* de toute vie humaine.

"Les mères ne savent-elles pas tenir un stylo ? s'étonne Anne Enright. Ou est-ce dû simplement au fait que nous sommes tous des enfants, quand nous écrivons ?"

Romancière et nouvelliste irlandaise, Enright et son mari ont décidé de s'embarquer dans l'aventure de la parenté un peu sur le tard, vers la quarantaine, après déjà une bonne dizaine d'années de vie conjugale. Le premier bébé les a tellement sidérés qu'ils ont décidé d'en faire un deuxième tout de suite. Le deuxième les a sidérés tout autant…

Ce que dit ce livre d'Anne Enright, les hommes écrivains ne pouvaient pas le dire, et pour cause. Quant aux femmes écrivaines, ou bien elles n'étaient pas mères, ou bien, si elles l'étaient, elles tenaient à prouver qu'elles étaient capables de parler d'autre chose que de leur prétendue destinée naturelle sempiternelle. Du coup, la maternité est le non-pensé de nos sociétés (conçue, précisément, comme le *contraire de la pensée*). D'ailleurs, il n'est pas facile de la penser, vu le nombre de clichés, caricatures, poncifs, conseils, piédestaux, gémonies, mythes, légendes, opéras et autres scénarii qui ont poussé et proliféré dans ce riche terreau depuis la nuit des temps.

En effet, plutôt que les mères n'écrivent, on a écrit *sur* la maternité, de maintes et maintes manières, toutes aliénantes pour les mères : l'*idéalisation* (la mère parfaite, altruiste, sacrifiée, infiniment douce et généreuse et bonne, entièrement au service de sa progéniture), la *diabolisation* (la mère castratrice, dévoratrice, destructrice, mortifère, incestueuse, mangeuse d'enfant, coupable de la mortalité de l'espèce humaine), la *banalisation* (livres de conseils, instructions, mises en garde, mièvreries et platitudes sur la vie quotidienne des mères avec leur bébé, depuis l'utérus jusqu'à l'université) et, dans le monde contemporain, l'*élimination* (pléthore de livres sur les maternités "différentes" : l'adoption, les nouvelles techniques de reproduction, bientôt l'utérus artificiel et le clonage).

En d'autres termes, il a été question de *tout* à ce sujet... *sauf* de la maternité telle qu'elle est vécue par quasi la moitié des êtres humains dans le monde, à savoir : suite à une copulation, on porte un bébé dans son ventre pendant environ neuf mois, on en accouche, et, éventuellement en compagnie de son père, on vit avec lui des relations intenses et surprenantes pendant de longues années.

Pourquoi l'absence si frappante de textes à ce sujet ? L'une des raisons : l'orgueil masculin. Il y a bel et bien deux sexes mais – asymétrie flagrante, folle – les deux sortent de l'un. Le féminin accouche du féminin *et* du masculin. Une immense partie de la religion et de la philosophie a eu pour fonction de nier cette vérité et de dire, au contraire : les femmes sortent de l'homme. (Dieu, Adam, Nom-du-Père...) Une autre raison : l'orgueil tout court ! Car, hommes et femmes, nous préférons oublier l'époque de notre vie où nous étions totalement faibles, et où, de minute en minute, nous dépendions d'une femme pour notre survie...

Rien, à mon sens, n'est plus important dans le monde d'aujourd'hui qu'une parole (ou plutôt *des* paroles) de femmes et de mères sur la maternité.* Des paroles qui sauront éviter, tant le Scylla des mièvreries paradisiaques que le Charybde des ténèbres infernales. Des paroles qui renverront dos à dos la Vierge Marie et Médée, et feront advenir dans la psyché humaine un certain nombre de vérités qui en ont été radicalement exclues. En voici quelques exemples :

– La gestation, l'accouchement, l'allaitement, l'existence quotidienne auprès de tout-petits sont des expériences non seulement *physiques* mais *spirituelles*. Elles incluent non seulement la chair ou l'émotivité mais la pensée. Elles sont dérangeantes, violentes, confondantes, géniales, singulières, redoutables, métaphysiques, magiques. Elles transforment le rapport de la femme au temps... aux valeurs... à la mortalité. "J'avais pensé, écrit Anne Enright, que l'enfantement allait être une sorte de voyage d'où l'on pourrait envoyer des dépêches chez soi, mais ce n'est pas ça, évidemment. L'enfantement, c'est chez soi. Dorénavant, partout ailleurs est *à l'étranger*."

– Les mères forment l'enfant, corps et âme, car d'où viendraient les concepts sinon du langage, et

* On peut lire aussi *Le Bébé* de Marie Darrieussecq, mon propre *Journal de la création*, *Nous Clytemnestre* de Séverine Auffret, ou encore... *Splendeurs (et misères) de la maternité* de Jane Lazarre.

d'où viendrait le langage si notre mère ne nous avait pas appris à parler ? ("Tous les mots, dit Anne Enright, se déroulent dans l'espace entre vous et votre bonne vieille môman.")

Les femmes elles-mêmes sont transformées par la maternité, chacune à sa manière. Elles ont encore tout à dire là-dessus. Leur vécu doit se *chérir*, doit chercher à se *dire*, et doit se *protéger*, coûte que coûte, de la banalisation que notre société tend à lui imposer à travers les discours péremptoires des éducateurs, les discours culpabilisateurs des psy, les discours lénifiants des spécialistes, les discours racoleurs des publicités… une telle invasion de paroles que leurs paroles à elles se trouvent, le plus souvent, ravalées, étouffées, tues. Anne Enright s'en désole : "Ils réussissent à transformer tout ça – le sang, la splendeur, la crudité du choc – en de l'ennui petit-bourgeois."

– Les mères ne sont pas seulement des mères. Elles continuent d'être des enfants aussi, des adolescentes aussi, des individus adultes aussi. Elles continuent d'avoir d'autres passions dans la vie que leur seule progéniture, par exemple l'érotisme, le travail, la lecture… et elles ont encore besoin de se défouler (le chapitre dans lequel Enright explique aux mères comment faire pour se prendre une cuite alors qu'elles allaitent encore est un morceau d'anthologie).

– Les mères ne veulent *plus* être assimilées (ni assignées) à la vie matérielle, aux tâches matérielles, aux soins des enfants, petits et grands ; non, elles désirent *partager* ces belles et nobles tâches avec les hommes… ce qui ferait le plus grand bien aux hommes, aux femmes, et aux enfants. "Ce sur quoi nous ne sommes pas d'accord, ce sur quoi nous ne pouvons pas nous mettre d'accord, c'est si, et jusqu'à quel degré de gravité, un enfant en pâtit quand sa mère ne passe pas tout son temps avec lui durant ces douze premiers mois, écrit Enright. Mais nous soupçonnons, au fond, que (...) la société n'est qu'un enfant qui se cramponne à nos jupes."

Ce livre est donc la chronique, tour à tour émouvante, profonde et désopilante, du chamboulement invraisemblable qu'a provoqué la maternité dans la vie de son auteur. Il nous fait entrevoir ce qu'elle a appris sur la condition humaine : parfois la vérité inattendue des clichés, mais parfois, aussi, des vérités inédites, sublimes, ineffables. Il parle aussi de la routine, de la fatigue, de la lourdeur, de la confusion – et des restrictions, réelles, de la liberté. "Nous ne sommes pas des humains qui peuvent se balader et faire ce que bon leur semble. Nous sommes des humains auxquels sont attachés d'étranges et parfois gros morceaux de chair et chaque morceau a ses propres désirs." Mais il parle surtout de la joie. La vérité, écrit Anne Enright, c'est que beaucoup de personnes se sentent "gênées par la joie. Exclues. Jalouses".

Dans le dernier chapitre, Enright évoque cette période de sa jeunesse où, pourtant journaliste professionnelle reconnue, elle a été déprimée et suicidaire au point de devoir être hospitalisée pendant une assez longue période. Maintenant, au contraire, elle trouve que c'est facile d'être en vie. Plus, même : "Je m'étais tellement habituée à la gratitude et au souci maternel pour l'avenir, que je ne voulais plus mourir du tout, pas avant très longtemps."

NANCY HUSTON

MILLE EXCUSES

Parler est un acte égoïste et les mères feraient sans doute mieux de se taire. Lorsqu'un des textes de ce livre est paru dans le supplément du Guardian, *il y a eu une réaction féroce dans le courrier des lecteurs : "Non, mais pour qui elle se prend ? Et pourquoi donc serions-nous obligés de lire des propos sur ses entrailles ? Et ne devrait-elle pas plutôt être en train d'écrire sur le chagrin de la fausse couche ?"*

Alors je voudrais demander d'avance pardon à tout le monde : "Pardon, pardon, pardon, pardon."

Je voudrais m'excuser auprès de toutes ces personnes qui trouvent légèrement indécente, voire provocante l'idée même de mettre des mots sur les choses plutôt que de faire avec. Je comprends bien ce qu'elles veulent dire.

Pardon également, à tous ceux qui aiment lire les choses horribles qui arrivent aux autres, mais rien de particulièrement horrible ne m'est arrivé jusqu'à présent, ni à mes enfants, je touche du bois, Deo gratias. *Pardon aussi à tous ces lecteurs qui préféreraient que je ne pense pas autant (tout simplement parce que ce n'est pas le rôle des mères) et à tous ces penseurs qui vont se rendre compte que ces dernières années, je n'ai pas eu le temps de faire de recherches, ni de vérifier une référence, les seuls livres que j'ai terminés, depuis que j'ai eu des enfants, étant les miens (ce n'est pas tout à fait vrai, mais c'est agréable à dire). Bien sûr que les gens qui n'ont pas d'enfants existent autant que ceux qui en ont. Je détesterais insinuer qu'il en est autrement. Et puis pardon à propos de mes entrailles, mais j'ai été élevée avec l'idée que le destin d'une femme est lié à son anatomie. J'ai toujours prêté beaucoup d'attention à ce qu'est le corps et à ce qu'il fait vraiment. Appelons cela un hobby.*

"FEMME MARIÉE A DES ENFANTS EN BANLIEUE" n'est pas exactement un appel aux armes et je m'excuse d'être aussi ordinaire dans le pire sens du terme. Me voici, toute chanceuse, en train de vivre une idylle des années 1950, faite de talc pour bébé et de rots, sauf qu'au XXIe siècle, on sait que le talc est lié, bizarrement, au cancer des ovaires, alors il n'y a pas de talc pour bébé dans cette maison, et l'on sait aussi que la main qui berce le berceau est la même que celle qui paye le berceau, ou une bonne partie et que pour beaucoup de gens, les bébés sont un luxe qu'ils ne peuvent pas encore se permettre. Mais même pour le XXIe siècle, je me débrouille bien : j'ai des horaires de travail flexibles, pas de trajet quotidien en transport en commun, un conjoint qui a pris six semaines de congé pour son premier bébé et trois mois pour le second (non payés, non payés, non payés). Il s'occupe également des petits déjeuners et des bains. Alors, vous pourriez facilement dire : "Ça va pour elle", tout comme je le fais lorsque je lis les femmes qui écrivent sur les problèmes avec leur nounou ou autres aides à domicile. Le plus souvent, cependant, lorsque je lis les femmes écrivant sur le fait d'avoir des enfants, ce n'est pas tant leur situation qui m'énerve que leur ton. Je

me dis : "Pauvre malheureuse, quelqu'un pourrait-il appeler les services sociaux, s'il vous plaît ?" Ce qui me gêne, c'est l'air à la fois supérieur et stupéfait qu'elles prennent. Nous pensons avoir fait quelque chose de merveilleux, alors que nous n'avons pas fait plus que la plupart des autres personnes sur la planète, sinon qu'avec nos mentalités d'intellos, nous avons besoin de nous en vanter.

La plupart de ces textes ont été commencés après la naissance de mon premier enfant, une fille. Je les ai remaniés pendant deux ans, avant de tomber enceinte à nouveau, et ils étaient terminés peu de temps après la naissance de mon fils. En fait, bien que le bébé soit désigné comme "elle", les deux enfants y figurent. La raison pour laquelle je continuais à écrire sur mes bébés, même quand ils dormaient dans la même pièce, est que je ne pouvais penser à autre chose. Cela pourrait expliquer l'éventuel côté débridé du ton. Les textes ont été tapés rapidement. Ils ont été écrits au son de la respiration d'un bébé endormi. Certains ont été rédigés plus tard à l'aide de notes, mais j'ai essayé de préserver la saveur des premières bribes. Et je m'excuse vraiment, de parler parfois de Dieu ou de la mort alors que je devrais être en train de parler "fossettes, gazouillis, vomi-sur-le-dos-de ma-veste-Armani", mais j'avais envie de dire quelque chose sur l'anxiété de la reproduction, son aspect saugrenu, et comment ça donne l'impression de mourir, d'être totalement retournée.

Bref, voici les faits concrets (pour lesquels je vous prie de m'excuser également). J'ai rencontré mon mari, Martin, il y a longtemps, nous nous sommes mariés, je ne sais plus quand, et après dix-huit ans de choses et d'autres, nous avons retroussé nos manches pour faire des enfants. Ce n'était pas une décision impulsive.

Après que notre premier enfant, une fille, est né, durant sa première année, je travaillais pendant qu'elle dormait et le soir, lorsque son père rentrait. Quand elle a eu un an, elle est allée à la crèche, six heures et demie par jour (en les comptant bien), dont trois pendant sa sieste. Quand elle avait deux ans et demi, elle a eu un petit frère et je travaillais pendant qu'il dormait. Et ainsi de suite, alors j'aimerais vraiment me reposer maintenant.

Bref, discrètement, j'aimerais demander pardon à ma famille et espérer qu'elle me pardonne de les aimer, les mettant à sac de cette manière formelle, publique. Je commencerais par ma mère, dont la voix passe par la mienne de temps en temps, puis je continuerais avec les autres générations. Comme toutes les femmes qui écrivent sur leurs enfants, j'ai un merveilleux compagnon, sauf que dans mon cas, c'est vrai. Je dois aussi demander pardon à mes enfants d'avoir écrit sur les bébés qu'ils étaient, soit trop, soit pas assez, selon les différents chemins sur lesquels ce livre va les accompagner au fil du temps.

Ma seule excuse est d'avoir pensé que c'était important. J'ai voulu dire comment ça s'est vraiment *passé.*

Anne Enright,
septembre 2003.

LE MUR DE VERRE

J'ai passé la plupart de mes années de trentenaire à faire face à un mur de verre. De l'autre côté étaient les femmes avec des bébés, des "mères", pourrait-on les appeler. De mon côté étaient les femmes qui s'occupaient simplement d' "être". Il semblait impossible que je puisse un jour franchir cette vitre, je ne pouvais même pas m'imaginer à quoi ça pouvait ressembler là-bas. Tout ce que je pouvais voir c'était des reflets éparpillés de moi-même, tandis que de l'autre côté les vraies femmes se déplaçaient avec une immense lenteur, comme des baleines aperçues de loin.

J'ai toujours pensé que j'aurais des enfants, mais c'était une pensée floue, je n'ai jamais réfléchi à la question de quand. J'ai été élevée durant les années soixante-dix, par une femme qui avait été élevée durant les années trente et nous étions toutes les deux d'accord sur le fait que tomber enceinte était la pire chose qui puisse arriver à une fille. Ma mère pensait que ça gâcherait mes chances de mariage et moi je pensais que ça gâcherait mes chances de carrière (ce qui revenait au même, en fait, à la lumière de nos époques respectives). Et quand arrête-t-on d'être une fille ? Par carrière, j'entendais plus qu'un salaire. Je ne pouvais tomber enceinte, pensais-je, avant "d'être parvenue à quelque chose", avant de "savoir qui j'étais", avant d'être, tout simplement, tout à fait moi-même.

Ces choses-là sont importantes, mais souvent elles surviennent tard et l'on ne peut pas vraiment dire aux gens d'arrêter de tergiverser. Je regarde les femmes qui ont la trentaine avec leurs nez collés contre la vitre et tout ce que je peux leur faire comprendre en leur faisant coucou de la main est que la vie ici, de l'autre côté, est tout à fait la même, seulement beaucoup mieux et plus difficile.

Je les vois s'interrogeant : "M'aime-t-il et est-ce que je l'aime ? et faudra-t-il que j'arrête de fumer ? Et mon boulot ? Et je ne veux pas être cette grosse au supermarché. Et s'il était autiste ? Et n'est-il pas vrai qu'ils pleurent tout le temps ?" Et j'ai envie de dire : "Ça ira." Plus que cela, lorsque je venais d'avoir un bébé, j'étais tellement aux anges que j'avais envie de dire : "Faites tout pour en avoir un." Les enfants me paraissaient être tellement un bien en soi, si absolu et ce indépendamment de la relation qui les avait fabriqués, que je voulais dire : "Achetez-en un s'il le faut", ou : "Dépêchez-vous."

J'avais tort, bien sûr. De toute façon, la plupart des femmes sont plus intéressées par l'amour sexuel que par l'amour maternel. Elles ont plus envie d'un homme que d'enfants, et pourtant, il est bien de garder à l'esprit le fait que, dans un monde où les partenaires sexuels peuvent aller et venir, les enfants demeurent. Ils sont notre amour durable.

LE TEMPS DU RÊVE

Un vendredi d'octobre, j'ai commencé à tomber amoureuse de tout le monde et je le suis restée pendant deux semaines, vraiment de tout le monde. C'était gênant. C'était une sorte d'amour lunaire, adolescent. J'attendais que le téléphone sonne. J'étais timide, presque torturée. Je ratais des rendez-vous, même avec les personnes que j'aimais, c'est-à-dire tout le monde, je restais donc à la maison et ne voyais personne, mon esprit chargé de pensées impossibles.

J'ai quand même réussi à participer à une réunion d'anciens élèves du lycée (où je les aimais tous) et à la première d'une pièce de théâtre (où je me suis fait de nouveaux amis, merveilleux), mais j'ai surtout traîné et écrit des lettres pour célébrer le fait que je venais de terminer un livre et que la vie était bonne, peut-être insupportablement bonne.

Vers la fin de ces deux semaines insolites, j'ai fait un rêve peuplé de tous les habitués : des personnes de mon passé qui parlaient de moi d'une manière déboussolante, irrésolue. Je fais ce rêve avec des variations presque tout le temps, mais cette nuit il avait été interrompu par une femme que je connaissais à peine il y a vingt ans et qui est entrée en flottant par la fenêtre, vêtue de rose. Elle a fait un sourire angélique comme pour dire : "Plus rien de tout cela n'a d'importance", puis elle a tapoté son ventre, tout doucement.

Je me suis réveillée d'un bond avec la pensée que j'étais enceinte ; puis je me suis retournée pour me rendormir, me disant que le moment était venu : il était temps d'arrêter de jouer à la roulette, de tergiverser, il fallait qu'on démarre cette histoire de conception sérieusement, définitivement et faire enfin le bébé qui nous attendait, après toutes ces années.

Peu de temps après, je suis allée à Berlin pour faire une lecture, en craignant presque d'être obligée de tomber amoureuse de quelqu'un là bas. Mais à un moment donné pendant le week-end, je me suis heurtée à un mur. Je ne saurais dire pourquoi. Je n'ai pas dit à mes hôtes que je comprenais un peu l'allemand et que je n'aimais pas les conversations à moitié comprises qu'ils tenaient devant moi, avant de revenir à l'anglais avec un sourire. J'ai parcouru les rues, imaginant l'histoire d'une femme qui tombe amoureuse tout le temps et une autre histoire truffée d'expressions mal traduites ainsi que d'insinuations pernicieuses, dans laquelle une femme rencontre un couple étranger et ne peut pas tout à fait comprendre ce qui se joue.

Mon hôtesse a dit qu'elle adorait le passage de mon livre à propos d'un rêve dans lequel un plafond est couvert de pénis qui pendouillent. Je n'ai jamais écrit un tel passage, ni quoi que ce soit qui pourrait y ressembler, mais elle insistait, elle était même assez vexée, comme si je l'accusais, *elle*, d'avoir mes propres pensées pornographiques. Que pouvais-je dire ? J'ai dit que je vérifierais. Mais, j'ai remarqué en moi une terrible lourdeur physique, comme si je ne pouvais plus trimballer ma vie avec moi, ne pouvais même pas la soulever de la chaise. Je pensais que je devrais peut-être arrêter d'écrire des livres. Quelque chose, en tout cas, devait changer. J'ai marché depuis Schönhauser Allee jusqu'à Unter den Linden, regardant la lune de l'après-midi au-dessus de Berlin, pensant que quand elle serait pleine, mes règles arriveraient et qu'alors tout se remettrait peut-être à nouveau en place.

Sur le chemin du retour, j'ai fait escale à Londres et me suis complètement saoulée. La gueule de bois a semblé durer une semaine. Je me sentais vraiment mal. Je me suis gavée de soupe miso et d'algues. J'étais folle de la soupe miso et des algues. Je pensais toujours que ma vie devait changer. Je suis allée sur Internet et j'ai tapé "ovulation" dans le moteur de recherche, puis me suis retournée vers mon mari, Martin, disant : "Je pense que cette bière a tourné. Elle a quelque chose cette bière ?"

Nous avons acheté le test de grossesse à une fille rêveuse assise à la caisse de la pharmacie. Martin m'a dit que j'étais ravie quand il s'est révélé positif, mais je n'étais pas ravie, j'étais choquée et émerveillée peut-être, mais surtout profondément choquée.

Si Kafka avait été une femme, Gregor Samsa n'aurait pas eu besoin de se transformer en insecte. Gregor aurait été Gretel et elle se serait réveillée un matin, enceinte. Elle se serait retournée dans son lit pour découvrir qu'elle était coincée sur son dos, ses petites pattes tendues inutilement en l'air.

Il me semble avoir passé les six semaines suivantes allongée sur le canapé en train d'écouter des rediffusions à la radio, mais mes dossiers sur l'ordinateur ont enregistré le fait que j'ai travaillé et que j'ai surfé sur le Net. Je cherchais des informations sur ce qui se passe si on se saoule très tôt pendant la grossesse, mais les femmes sur Internet voulaient mettre en prison toutes les mères enceintes ayant bu du Coca Light. Dans les forums de discussion, les femmes ne parlaient que de leurs animaux domestiques, le chat qui avait tout compris, le chien qui était vexé. Il y avait beaucoup de choses sur les fausses couches.

Martin m'a emmenée à la montagne pour me maintenir en forme et j'ai failli dégueuler dans les chiottes. Je suis restée bloquée sur une motte et ne pouvais sauter jusqu'à la prochaine. La vie en moi était trop délicate, impossible, étroite. Ne pas sauter, ne pas courir, pas de sexe, pas de conduite, pas d'alcool, pas de rire, pas de ménage, aucune possibilité d'aventures amoureuses si vagues et inopinées qu'elles soient, pas de voyage en Inde. Pas de saut joyeux d'une motte à l'autre dans ces maudits marécages. J'ai quand même sauté et j'ai atterri sur ma cheville. Les ténèbres ont commencé à tomber.

Le week-end suivant, il m'a amenée à Prague, pour me faire une surprise. Il y a deux choses dans ma vie que je n'ai jamais refusées : un verre et un billet d'avion. Déjà certains amis commençaient à détourner le regard lorsque je m'en tenais à l'eau. A présent, je restais dans la salle d'embarquement et ne voulais pas monter dans l'avion. Cette réticence intense, cet épuisement étaient dus à la grossesse. Il était 9 heures du matin. Des gens couraient vers la porte d'embarquement, vérifiant leur carte d'embarquement et buvant des mini prophylactiques de whisky. Je regardais le monde autour de moi et écoutais le son de mon sang. Il y avait une note basse qui bourdonnait à travers moi, si basse que personne d'autre ne pouvait l'entendre. Elle se trouvait dans chaque recoin de mon être, enflant dans mon visage et mes mains ; c'était comme de la joie.

Les semaines où l'on est enceinte de manière générale et non pas localisée, c'est la pagaille. J'ai pris du poids à des endroits bizarres. J'allais à la cuisine au milieu de la nuit pour voir quel était le truc sans nom, mais vraiment précis, sans lequel j'allais mourir de faim. Je m'asseyais par terre devant le frigo et me mettais à pleurer.

Les allées des supermarchés étaient remplies d'autres femmes sans doute enceintes, tétanisées devant les céréales, caressant des paquets de lentilles bio, ramassant, puis reposant un lot de six petits-suisses. Ce n'est pas drôle de mourir de faim, surtout quand on n'a pas cessé de manger toute la journée. J'avais, durant ma vie, réussi à avoir toutes les névroses possibles, sauf celles qui tournent autour de la bouffe, et à présent c'était mon corps qui s'en chargeait.

A dix semaines, je suis allée chez l'obstétricienne, comme si elle pouvait régler ce qui me tracassait. Nous avons parlé de dépression postnatale (pourrais-je déjà l'avoir ?). Nous avons parlé d'amniocentèse, mais pas beaucoup. Elle ne semblait pas se rendre compte que l'enfant en moi devait forcément être difforme. Elle m'a conduit en haut d'un escalier qui avait une odeur de lycée, et m'a emmenée dans une salle obscure. "Bon, a-t-elle dit, en allumant la lumière, voyons voir." Je m'attendais à des étriers, mais me suis retrouvée avec une échographie. Le bébé était comme une petite pousse de soja. Il gigotait et frétillait comme s'il était contrarié d'être dérangé. Elle s'y attardait, avec son stylo à ultrasons, comme si ce spectacle l'émerveillait à chaque fois. Tout ça était insupportable. Je lui ai dit : "Ça a l'air un peu dégoûtant", et elle a répondu : "Ne soyez pas bête", comme si elle savait que je feignais.

Tout d'un coup, j'allais avoir un bébé. La réalité de ma grossesse s'imposait tel un bloc de béton au milieu de la pièce mais je ne savais toujours pas ce que ça voulait dire. Un bébé. Un bébé ! Il me fallait m'en rendre compte de nombreuses fois : d'abord avec pressentiment, puis avec un choc. Je devais m'en rendre compte doucement, et je devais m'en rendre compte avec joie. Après l'échographie, ça m'est tombé dessus dans un vacarme fracassant et je suis rentrée à pied, avec la clameur de cette révélation dans ma tête. Ce soir-là nous sommes sortis annoncer la nouvelle à mes parents. Ma mère a très peu parlé, mais chaque fois que je la regardais, elle avait l'air d'avoir cinq ans de moins, puis cinq ans de moins encore. Elle était fondamentalement, métaboliquement ravie. Elle était contente de tout son être, tout comme moi j'étais enceinte de tout mon être.

J'ai passé les six mois suivants à me souvenir, puis à oublier, rattrapant ce que mon corps savait déjà. Le monde ressent ce décalage. Il semblait que tout le monde essayait de me convaincre de l'existence de ce bébé, comme s'ils avaient investi quelque chose en moi et ne me faisaient pas confiance pour en prendre soin. Par malice, j'ai fait de mon mieux pour boire de l'alcool (et j'ai échoué) et je fumais une cigarette occasionnellement. Ce qui a eu comme effet de faire éclater en larmes une femme qui m'était parfaitement inconnue. Je me suis demandé comment était sa mère.

Une femme enceinte fait partie des biens publics. J'ai commencé à me sentir comme un bus avec "Maman" marqué dessus, et le monde entier se bousculait pour monter dedans. Quatre femmes dans un restaurant ont applaudi lorsque j'ai commandé un dessert. Un ami est entré dans une longue colère contre moi sans aucune raison. Tout le monde avait son inconscient au bord des lèvres. Tout ce que mon corps de femme enceinte déclenchait n'était pas social, ni politique, c'était animal et primitif et sans défense. C'était aussi tout à fait injuste. Un autre ami m'a montré une paire de bottines pour bébés et a dit : "Regarde, regarde !", puis il me raconte qu'en prison, ils montrent des petites chaussures aux pédophiles pour qu'ils réalisent combien leurs victimes étaient petites et vulnérables. Il ne semblait pas se rendre compte qu'il avait mis dans le même sac femmes enceintes et pédophiles, comme si nous avions tous besoin d'entendre d'un autre qui nous étions.

Peut-être qu'il avait raison. Une femme enceinte ne sait pas ce qu'elle est. Elle est possédée. Elle se sent malade, mais elle n'est pas malade, elle vit sous l'eau, là où il n'y a pas de mots. Le monde devient bizarre avec elle, accusatoire quand elle est aux anges et élogieux quand elle se sent nulle.

Les gens sans enfants devenaient, sans exception, un peu fous. Les gens avec des enfants ont succombé à une sorte de nostalgie de choyer. J'ai commencé à entrer dans l'histoire de leurs vies et les imaginais tels qu'ils avaient dû être, de jeunes mariés, peut-être, amoureux, rêvant de l'avenir qu'ils étaient en train de vivre. La grossesse est un non-lieu, une suspension, des vacances loin de notre "moi" faillible. Il n'existe aucun autre moment dans la vie d'une femme où elle est aussi soutenue, louée, aidée et aimée. Quoi que ça ne soit peut-être pas *elle* qui reçoive toute l'attention, mais *eux*, cette étrange mutante, un être double, *mèrenfant*.

Je me suis regardée dans la glace. J'avais un corps sorti d'un tableau de Rouault, des gros aplats de chair épaisse peints sur des vitraux. Je suis une merveille pour moi-même, un chef-d'œuvre de maître, mon devant arc-bouté sur la charpente solide de mon derrière. Dorénavant, chaque soir, il y avait un rituel d'émerveillement lorsqu'on mesurait la bosse. De semaine en semaine, je sentais mon corps passer d'un cycle à un autre, comme une machine à laver, faite de chair, marchant au ralenti : "Ah, autre chose est en train de se passer maintenant." Soudain, mi-janvier, j'ai émergé. Je me suis rendu compte que le plus dur était passé, le bébé était *fait* en quelque sorte, il ne lui restait plus qu'à grandir.

Je n'ai pas la moindre idée de pourquoi les premières étapes de la grossesse sont les plus épuisantes, alors que l'enfant est aussi minuscule. Je suppose qu'on fait pousser nos propres cellules, avant de commencer avec les leurs. Notre volume sanguin augmente de 30 %, de sorte que notre moelle épinière travaille. Notre propre moelle est fatiguée. C'est comme si on avait planté une graine et qu'il fallait ensuite faire un champ pour qu'elle puisse y pousser. Cela fait, tout, pour moi, fut pur régal. Si quelqu'un vendait les hormones produites lors de la deuxième partie de la grossesse, moi, je deviendrais junkie. J'allais partout à vélo, je marchais d'un pas alerte, m'endormais entre un battement de cœur et un autre. Je me suis remise à rêver des rêves intenses, limpides, des rêves d'apprentissage. Je donnais le sein à une fille aux yeux bleus et c'était facile. J'accouchais et c'était facile, l'enfant qui s'était glissé hors de moi était petit et aussi chaud que le rêve d'enfance où l'on fait pipi au lit ; il avait exactement la température de la chair. Certains rêves étaient drôles, beaucoup étaient salaces. J'avais 30 % de sang en plus et, d'après moi, tout allait au même endroit. Voilà l'autre chose que les livres ne nous disent pas.

L'enfant se cachait encore. Les jours s'écoulaient, inexorables. Je ne me sentais pas comme un animal, je me sentais comme une horloge, une horloge faite de sang et d'os, que l'on ne pourrait ni avancer ni retarder. A quatre mois et demi, pile poil comme prévu, il s'est mis à sonner : comme des battements d'ailes de papillon dans le ventre. Un coup de pied.

L'enfant a bondi dans mon utérus. En fait, l'enfant bondit dans l'utérus tout au long de la journée, mais il faut du temps à l'utérus pour s'en rendre compte. On attend le premier coup de pied, mais comme le premier sourire, les premières versions ne sont jamais "que du vent". Le premier coup de pied était merveilleux (il correspondait à la première hémorroïde, un choc suffisamment sévère pour envoyer une poussée d'adrénaline dans tout le corps de n'importe quel enfant). Mon corps avait été aveugle, et moi à peine consciente. J'avais commencé à me languir, dans l'attente d'un signe, d'un petit quelque chose en retour. Le premier coup de pied, c'est l'enfant qui te répond, et c'est attendrissant. J'ai commencé à avoir des idées sur ce bébé, même des conversations avec lui, dont certaines, à ma grande honte, se sont déroulées à voix haute.

"Bonjour, mon cœur !"

Le sucre faisait bondir l'enfant, tout comme la faim. La musique le faisait s'arrêter, immobile, à l'écoute. J'ai commencé à chronométrer ma digestion : dix minutes après du chocolat, un coup de pied ; quinze minutes après des pâtes, une demiheure après de la viande. J'étais réveillée par un sursaut, tous les matins à 5 heures et je me levais pour un bol de céréales, nourrissant déjà ce petit tyran, comme un entraînement pour la future réalité. Le début de l'après-midi était marqué par un french cancan, le début de la soirée aussi, à 9 heures du soir également. Je suis allée à New York et l'enfant est resté à l'heure irlandaise, ce qui était très bizarre. Au milieu de la journée, je regagnais ma chambre d'hôtel pour faire une petite sieste et papoter un peu. Mon ventre faisait un drôle de compagnon. Ensemble, nous avons regardé *Mon dîner avec André* et avons mangé de grosses poignées de cacahouètes.

Qu'est-ce que je savais ? Je savais que cet enfant aimait la musique, mais peut-être que c'était le cas de tous les enfants. Je pensais qu'il était du genre indépendant, gigotant déjà, comme pour s'échapper. J'ai commencé à identifier chaque partie du corps qui se tortillait sous ma main. Un jour, une épaule fendait mes entrailles, un autre jour un petit talon apparaissait. Mon indifférence au monde est devenue totale. J'aimais tenir les choses à distance. J'étais au cœur de la plus douce, la plus tranquille des idylles romantiques.

Dans notre premier cours prénatal, la sage-femme a dit : "Est-ce qu'il y a une paire de hanches sur le sol, là-bas ? Pourriez-vous la faire passer par ici ?" et lorsqu'un malheureux mâle a ramassé le bout de corps mort qu'ils utilisent à des fins démonstratives, elle a dit : "N'ayez pas peur, ça n'est pas un calice." Je me suis dit que tout ça était vraiment très irlandais. En secret, je me suis dit que mon bassin était peut-être, en effet, un calice. Je me suis également dit que ça commençait peut-être à se lézarder. Elle a fait tourner un flacon de liquide amniotique, d'âge non précisé (ç'aurait été bien de savoir s'il était frais), et de l'autre côté de la salle, une femme a failli s'évanouir en s'appuyant maladroitement en avant sur son ventre. Il a fallu ouvrir la fenêtre pour avoir de l'air, pendant que la sage-femme montrait un graphique. Elle nous a parlé de massage périnéal. De ma vie, je n'avais jamais entendu parler de quelque chose d'aussi bizarre. J'étais entourée d'inconnus, pour moitié des hommes, tous pétrifiés. C'était peut-être dû à la façon dont elle s'allongeait sur le tapis avec ses jambes en l'air (Elle avait la cinquantaine bien sonnée), ou juste le fait que nous avions tous compris le problème fondamental : le trou n'était pas assez grand pour que l'enfant sorte. Nous n'avions plus d'issue de secours maintenant. J'avais l'impression d'avoir observé un train lointain durant des mois et seulement maintenant, alors qu'il s'approchait, je me rendais compte que j'étais ligotée aux rails.

Mon père disait sagement que nous aurions dû être des marsupiaux, enceintes jusqu'au sixième mois et les trois suivants avec une poche. La disproportion était terrible. La nature n'a pas pu vouloir ça, les humains doivent être surdéveloppés. Je ne pouvais pas marcher plus de vingt minutes. J'avais mal partout. En fait, je rejetais la faute de l'obstruction de mes entrailles, qui faisait remonter de l'acide infect au fond de ma gorge, sur la bosse et non sur l'enfant. Nous n'avions pas le droit de prendre des anti-acides, parce qu'ils nous rendraient anémiques, selon la sage-femme. "Qu'est-ce que l'anémie peut avoir de si mauvais ?" me suis-je demandée, me disant que ça ne pouvait pas être pire. Je surfais sur Internet, assise comme une patate, m'étouffant en m'appuyant sur le dossier de ma chaise. Mes chaussures ne m'allaient plus. J'étais devenue maladroite, et pas seulement à cause du poids devant : des assiettes me tombaient des mains sans raison. A trente-cinq semaines, tout comme toutes les autres femmes enceintes sur le forum du site “about.com”, j’ai commencé à me disputer avec Martin : même ça, c’était prédéterminé, tandis que le tapis roulant hormonal continuait inexorablement son chemin. Oh, la stupidité, la vacuité de ces journées insensées et ces terribles nuits interrompues. Ainsi, j’ai complètement oublié que j’attendais un enfant. Rien de merveilleux ne pouvait advenir. Je m’ennuyais à la folie et ni moi ni personne d’autre n’y pouvait rien, puisque j’avais la capacité de concentration d’un moucheron. Un très gros moucheron.

Les rues, qui avaient été pleines de bébés dans leur landau, s’étaient à présent remplies de vieillards et d’infirmes, de gens qui n’arrivaient pas à monter dans le bus, qui ne réussissaient pas à atteindre le bout de la queue avant que la caisse ne ferme. Etait-il possible que la grossesse fasse de moi une personne plus gentille ? Je pensais aux femmes que j’avais connues quand j’étais jeune, qui étaient tout le temps enceintes. Je faisais des calculs à propos de la mère d’une camarade de classe qui avait eu vingt-deux grossesses et dont onze étaient arrivées à terme. Elle levait le regard de son assiette, entourée de flacons de pilules, et disait : “Ah… Bonjour…”, comme si elle essayait de saisir si on était sorti d’elle ou de quelqu’un d’autre. Son mari était fou d’elle, ça se voyait encore, et ses enfants, mis à part les garçons, étaient pour elle de parfaits inconnus.

Même ma propre bosse, grand sujet de discussion, souvent caressée, point de mire, était remplie de quelqu’un que je ne connaissais pas. Et peut-être que je ne parviendrai jamais à le connaître. La grossesse est quelque chose d’aussi désuet que la religion, et c'est sans fin. Chaque moment de ma grossesse durait une éternité. J'étais enceinte en automne et j'étais enceinte au printemps, j'étais enceinte lorsque l'été est arrivé. Je vivais comme une plante au balcon, qui prend son temps, en bourgeonnant. Il n'y avait pas de technologie pour cela : c'était moi la technologie, de plus en plus stupide, de plus en plus gentille, un mystère pour moi-même, pour Martin, pour tous ceux qui croisaient mon chemin.

NAISSANCE

Le liquide amniotique sent le thé. Lorsque je le dis à Martin, il répond : “Je croyais que c’était du thé.” Evidemment, un hôpital devrait sentir le thé. Un hôpital devrait sentir l’eau de Javel. Le bloc C sent le thé et un petit peu l’ammoniaque, que ce soit humain ou industriel, c’est difficile à préciser. Il y a beaucoup de liquide amniotique dans le bloc C. Trois femmes, au moins, ont perdu leurs eaux cet après-midi et tandis que tombe le soir, on reste assises, nous égouttant sur des bandes de coton brut en se regardant les unes les autres, guettant jalousement des signes de douleur.

Il y a un je-ne-sais-quoi d’autre là-dedans, d’âcre et d’herbacé, du thé vert peut-être ou encore plus précisément du thé “Gunpowder”. La grossesse sent l’herbe. En quelque sorte. En tout cas, ça sent quelque chose qui pousse : une odeur distincte appartenant à la famille de l’herbe, et du coton brut, et du pipi d’asperge. Mais l’odeur du thé commence à m’agacer. Il y en a des litres. Je suis comme un chauffe-eau dont on aurait laissé le robinet ouvert. Ça coule doucement, mais ça ne s’arrête jamais. Depuis des heures j’attends que ça s’arrête, et les souillures sur le lit me contrarient. Ça contrarie la ménagère en moi et ça contrarie l’écolière en moi. Les serviettes hygiéniques qu'on nous distribue sont des fournitures d'école et toutes les infirmières se transforment en bonnes sœurs.

La perte des eaux s'est très bien passée. L'infirmière a exercé cette magie qui fait apparaître des draps sous soi tandis que d'autres sont repliés, puis l'obstétricienne a fait quelque chose d'habile avec une aiguille à crochet. Sensation de pression sur la membrane et puis "paf", un peu plus ardu mais pas si différent de quand on fait péter du papier à bulles. C'était une sensation plutôt satisfaisante et la cascade de liquide chaud qui s'en est suivie m'a fait rire. Je ne pense pas que beaucoup de femmes rient à ce stade-là dans le bloc C, mais pourquoi pas ? C'était parti.

Après quoi, il n'y a plus rien à faire sauf attendre. A mesure que l'après-midi s'écoule lentement, les rideaux roses sont tirés autour des lits. La salle est pleine de respirations : l'inhalation brutale et le gémissement de l'exhalation, comme si nous étions toutes endormies, ou faisions toutes l'amour dans notre sommeil. Une femme sanglote derrière son rideau. Depuis le lit à côté de moi, le bruit sous-marin du Doppler à la recherche d'un battement de cœur fœtal et échouant sans fin, un déchirement sonore lorsqu'on l'enlève, puis des bips, une respiration ; le soupir et le flux du sang électronique d'une femme invisible.

Puis il y a du thé, du vrai thé. Les hommes sont renvoyés, pour je ne sais quel prétexte, et les femmes s'assoient autour de la grande table au milieu de la salle. C'est l'heure du goûter comme à l'école. Il y a là une femme qui a de la tension, deux diabétiques, une femme à peine enceinte qui a de telles nausées qu'on a dû la mettre sous perfusion. Il y a au moins trois autres femmes, à deux doigts de la crise de nerfs, mais elles restent au lit et refusent de manger. Je suis tout excitée et j'ai envie de parler. J'ai très envie de comparer nos robes de chambre, j'ai mis si longtemps à trouver la mienne, et j'en suis assez contente, mais lorsque je me lève à la fin du repas, elle est toute tachée derrière, d'un rouge dilué. Je commence à détester le bloc C.

Après le goûter, c'est le foot. Le Portugal joue contre la France et lorsqu'un but est marqué, les hommes sortent tous de derrière les rideaux pour regarder le ralenti. Puis ils retournent à nouveau retrouver leurs femmes gémissantes. Je garde le rideau ouvert et regarde Martin pendant que lui regarde le match. Je surveille la fréquence de mes contractions, si toutefois il s'agit bien de contractions. A 9 h 35 Martin se retourne sur sa chaise pour me lancer un regard en brandissant son pouce comme pour me dire : “Qu'est-ce qu'on s'éclate, non ? Et en plus il y a du foot à la télé !” A 9 h 35 et 20 secondes, je suis, pour la première fois, dans une très grande souffrance et je suis en rage contre lui parce qu'il ne le remarque pas, je l'appelle doucement au-dessus du bruit du match.

Une femme en robe de chambre vient me parler. Elle est très grosse. Je lui demande si l'accouchement est prévu pour ce soir, mais elle me dit que ce n'est pas prévu avant septembre, dans trois mois. C'est la femme du lit d'à côté avec la machine Doppler. Ils n'ont pas pu trouver le battement du cœur fœtal à cause de la graisse. Elle se tient debout au pied du lit et me fait la liste de ses symptômes, nombreux. Elle vient de Tipperary. On va lui faire une césarienne à trente et une semaines. J'essaie d'être compatissante, mais je crois que je la déteste. Elle est le maillon faible dans la salle.

Lorsque j'ai une contraction, je me propulse hors du lit, perpétuellement convaincue que je dois aller aux toilettes, perpétuellement, stupidement convaincue, toutes les cinq minutes, que c'est en fait une crotte que je dois lâcher, une crotte aussi nouvelle et excitante que la première qu'Adam a faite lors de son deuxième jour au monde. Ce trajet vers les toilettes est plein d'obstacles, le premier étant Martin à la patience infinie et aux pieds énormes. Une fois dans le cabinet au fond de la pièce, je m'assois bêtement sur la cuvette, essaie d'éponger les dégâts, et écoute la femme de l'autre côté de la paroi, qui est plus bruyante que moi et qui ne semble plus prendre la peine de retourner à son lit.

Ça dure comme ça, par intermittence, depuis une semaine. Il n'y a rien en moi en terme de nourriture ; il n'y en a pas eu depuis des jours. Je suis dans la phase que les Américains appellent le "prétravail", ce que les Irlandais sont trop machos pour appeler quoique ce soit. "Si vous pouvez continuer à parler, ce n'est pas une contraction", m'avait dit mon obstétricienne, convaincue que j'étais sur le bon chemin. Cette semaine, m'a-t-elle dit, elle allait déclencher l'accouchement parce que j'avais une tension élevée, mais ce n'était peut-être que par pitié. Il y a dix jours, je voulais une naissance naturelle, maintenant je veux une anesthésie générale. Rien à foutre de l'aromathérapie, je ferais n'importe quoi pour y mettre fin, jusqu'à poser ma tête sur une route avec mon ventre en l'air sur le bord du trottoir.

Une femme répond à son portable : "Non, maman, toujours rien, arrête d'appeler ! Toujours rien." La douleur possède la femme deux lits plus loin et les rideaux sont tirés. Lorsqu'ils sont écartés, on peut voir qu'elle est aux anges. Ah, ça y est, c'est ça, c'est *forcément* ça. Ah, ah, je vais avoir un bébé. Puis encore des douleurs, agonisantes apparemment. "Oh ! bravo ma fille ! Bravo mademoiselle !", crie la sage-femme pendant que l'homme rassemble ses affaires et qu'on l'aide à sortir de l'antichambre de l'enfer qu'est le bloc C. Je suis jalouse, mais je lui souhaite bonne chance. La salle est pleine de miracles prêts à se produire, que ce soit d'ici quelques mois ou d'ici quelques heures. Un autre lit est vide : c'est la femme de l'autre côté de la cloison des toilettes. Elle aussi est en train d'accoucher. "Elle est sortie, en tout cas, dit Martin, en s'accrochant aux murs."

C'est un théâtre de douleur. C'est un concours de douleur (et je suis en train de le perdre). Martin dit que Beckett aurait adoré le bloc C. On se demande si ça ne serait pas le pire endroit où nous n'ayons jamais été, mais on décide que le prix doit toujours être décerné à la station de bus, à Nasca, la fois où l'on est allés au Pérou sans emporter de pull. Toutes les culottes en papier que j'avais apportées sont déchirées et je reste assise, sans culotte, sur le drap de coton brut que j'ai ramassé sous moi en boule humide. Ma bosse a un petit peu rétréci, est devenue un peu flasque. Lorsque je pose ma main dessus, le bébé est là, tout près, maintenant, sous la peau. Je sens que c'est forcément une fille. Je sens son épaule et un bras. Pour je ne sais quelle raison, un lapin écorché me vient à l'esprit. Je me demande si ses yeux sont ouverts et si elle attend comme moi. J'ai aimé cet enfant d'une manière un peu endormie, mais maintenant j'éprouve un grand désir pour elle, pour ce bébé-là, celui que je touche à travers la peau, je demande : "Oh, quand est-ce que je vais te voir ?"

Ça pourrait être le mot du jour, mais c'est une chanson qui me trotte dans la tête : *"What sends her home hanging on to the wall ? Boozin' ! Bloody well boo-oozin'."* (Qu'est-ce qui l'envoie à la maison en s'accrochant aux murs ? La picole, la putain de picole.) Je cesse de descendre de mon lit toutes les cinq minutes et commence à respirer comme on nous l'a appris au cours prénatal. Je compte à rebours à partir de cinq lorsque la douleur frappe puis depuis cinq à nouveau. L'accouchement aurait-il commencé ? Est-ce suffisamment douloureux ? "Si tu peux parler, ce n'est pas l'accouchement." J'essaie de continuer à parler, mais à 23 heures les lumières sont éteintes et je vacille entre le sommeil et mes (non-)contractions, m'assoupissant entre trois et cinq minutes. Martin pique du nez dans son fauteuil.

Le col de mon utérus a cinq choses à faire : il doit s'avancer, il doit se raccourcir, il doit se ramollir, il doit s'amincir, il doit s'ouvrir. Une semaine plus tôt, mon obstétricienne m'avait récité cette liste et dit que je pouvais en cocher trois sur cinq. Au fin fond de la nuit, je tâche de me souvenir quelles sont les dernières choses qu'il me reste à faire. Je ne me souviens plus dans quel ordre et, en comptant avec mes doigts que j'enfonce dans le drap, il y en a toujours une qui m'échappe. Mon col, mon col, est-il ramolli mais pas raccourci ? Est-il ramolli et rétréci mais pas encore avancé ? Est-il court et dur, mais ouvert de toute façon. Je n'arrive pas à saisir le fait qu'il s'agit d'un ordre et non pas d'une liste. J'ai perdu ma capacité à saisir le cause-à-effet. Mon col, mon col va s'ouvrir comme les nuages s'ouvrent, pour laisser passer le soleil resplendissant. Il va s'ouvrir tel l'iris de l'œil, tel l'iris qui apparaît en ouvrant le dos d'un appareil photo. Je pouvais le voir s'amincir, les petites veines se distendre et se casser. Je pouvais le voir s'ouvrir comme sorti tout droit du film *Alien*. Je pouvais le voir aussi simplement qu'une porte que vous ne savez pas avoir ouverte avant de vous retrouver au milieu de la pièce. Je pouvais voir tout ça, mais mon col restait clôt.

A 2 h 30 du matin, je baisse les bras et Martin va demander de la Péthidine à quelqu'un. Je sais qu'on ne m'en accordera que deux doses, alors elle a intérêt à durer longtemps. Je veux réserver la deuxième pour la naissance, mais au fond de moi, je sais que je suis partie pour la péridurale maintenant. Je ne sais plus pourquoi je voulais m'en passer, je suppose que c'était une illustration typique du machisme chez la femme irlandaise. *Mnà na hEireann. Mnà na hEireann.* (Femmes d'Irlande. Femmes d'Irlande.) CINQ, quatre, trois, deux… un. Ciiinnq. Quatre, trois, deux… un.

Une fois que je cède et commence à pleurnicher, les (non-)contractions sont insupportables. La Péthidine n'arrive pas. A 3 heures il y a des cris dans le corridor et je me rends compte de combien on est près de la salle d'accouchement. Le bruit est immonde, médiéval : il déchire l'obscurité de l'hôpital. Quelqu'un est vraiment en train de se donner à fond dans le soprano. Je n'en pense rien. Je ne me demande pas si la femme est folle, ni si le bébé est mort, mais c'est ce que je me demande à présent, en écrivant cela.

Des pas approchent, mais ils ne sont pas pour moi, ils sont pour la dame de Tipperary qui s'est mise à pleurer, avec un haut débit de morve, dans le lit d'à côté. L'infirmière la réconforte. "J'ai juste les jetons", dit la femme. "Elle m'a juste donné les jetons." J'ai envie de crier que ça va pour elle, puisqu'elle va avoir une putain de césarienne, elle, mais ça fait quarante-cinq minutes que je me suis rendu compte que je ne pouvais plus faire ça, que la douleur que j'avais surmontée était sur le point de me monter dessus et il me fallait quelque chose pour reprendre ce dessus, sinon j'allais me faire détruire par elle, j'allais y passer, d'une manière spirituelle et très réelle, j'allais mourir.

Les pas s'éloignent. Ils ne reviennent pas. Je regarde Martin qui est en train de tendre l'oreille tout comme moi, et il disparaît silencieusement de l'autre côté du rideau. A 3 h 30 j'obtiens la Péthidine.

Dorénavant je ne compte pas pendant les (non-)contractions, et je n'essaie pas de contrôler ma respiration non plus. Je geins avec ma bouche entrouverte. Je mugis. J'y prends presque du plaisir. Je dors tout le temps maintenant, entre chaque (non-)contraction. J'ai cédé. J'ai détaché mon petit bateau et suis parti voguer à la dérive.

A 5 heures une nouvelle bonne femme arrive qui dit à Martin qu'il doit rentrer à la maison. Une conversation compliquée et lente s'ensuit (nous sommes, après tout, de retour à l'école). Je dis que j'ai besoin de lui ici et elle sourit : "Pourquoi ? pourquoi avez-vous besoin de lui ?" (Pour me protéger des femmes comme vous, *mademoiselle.*) A la fin, elle nous dit qu'il y a des matelas sur lesquels il peut dormir au bout du couloir. Ah. Pourquoi ne l'avait-elle pas dit ? Elle est peut-être folle. Il est 5 heures, je suis défoncée à la Péthidine, à vif, au bout d'une semaine sans sommeil. Et cette cinglée qui nous la joue "vieux jeu". Ouaho ! Martin m'embrasse et va se coucher. A partir de ce moment je sombre, sans même ouvrir les yeux quand arrive la douleur.

Je crois que je mugis au petit déjeuner. Ils me promettent un lit dans la salle d'accouchement pour 10 h 30, afin que je puisse cesser de mugir et commencer à crier, mais ça ne semble pas se passer ainsi, en fait. Je suis redressée dans mon lit et souriante pour la tournée des médecins, ce qui est fort sympathique, mais j'ai peur qu'ils remarquent que les contractions se raréfient et qu'il faille tout recommencer à zéro. Puis les contractions reviennent au moment où mon corps est en panne sèche de Péthidine. Je passe les minutes après 10 h 30 amusée par ma rage, sidérée de voir à quel point je me sens mal. *Sont-ce les pires cent secondes que j'ai jamais traversées ? Voyons voir avec les cent prochaines.*

A 12 heures je fais un petit saut aux toilettes pour une dernière contraction et c'en est fini du bloc C. La salle entière se lève lorsque nous partons, nous souhaitant bonne chance, une de plus en route. Je me rends compte que j'ai passé la nuit à mugir, privant ces femmes de leur sommeil.

La salle de travail est extrêmement chic avec sa propre salle de bains et son lit high-tech. J'aime bien la tête de la sage-femme. C'est le genre de femme avec qui l'on aimerait aller boire un pot. Elle est fatiguée. Elle me demande si j'ai une préférence et je lui dis que j'aimerais que ça se passe de la manière la plus naturelle possible. Elle dit : “Eh bien, jusque-là vous vous êtes bien débrouillée en tout cas”, je pense que ce pourrait être du sarcasme, étant donné l'aiguille à tricoter, la Péthidine, et la perfusion d'ocytocine qu'ils viennent de commander. Martin retourne récupérer nos affaires, et je me mets à parler. Elle garde un silence à moitié ironique. Durant des mois, je m'étais mis en tête que si j'arrivais à enquêter un petit peu, à faire tchatcher la sage-femme, eh bien, ça me changerait les idées. Quelle est la pire des choses qui n'ait jamais été dite ? La plus bizarre ? Mais elle ne veut pas jouer le jeu. Je tombe en panne de conversation et je pleure un petit coup. Elle dit : “Est-ce que ça va ?” Je dis : “C'est juste que je ne pensais pas que je parviendrais à ce stade, c'est tout.” Et je la sens s'adoucir derrière moi.

Je ne me rappelle pas du tout ce qui s'en est suivi, mais je me souviens bien de la lumière blanche, fraîche. Je me souviens également des émotions dans la salle. Avec une grande lucidité, j'arrivais à sentir un changement d'humeur ou d'intention parmi les femmes qui s'occupaient de moi. C'était comme si j'étais dans un tableau. Chaque sourire comptait, la façon dont les personnes étaient disposées dans l'espace, les gestes qu'elles faisaient.

J'ai cessé de parler. La sage-femme est derrière moi, en train d'arranger des choses sur un plateau. Martin est parti. Il y a du silence dans la pièce. Elle pense à quelque chose. Elle n'est pas heureuse. Tout est très calme.

Ou bien : Elle essaye d'insérer l'aiguille pour la perfusion. Martin est à ma droite. Je semble coopérer, mais je refuse de retourner ma main. La tâche de la veine ratée a commencé à s'étendre et elle essaie à nouveau. La douleur de l'aiguille ne m'intéresse pas du tout.

Ou bien : Une femme entre dans la pièce, me regarde, jette un coup d'œil entre mes jambes. “Bravo !” dit-elle et elle sort à nouveau. Peut-être qu'elle s'est juste trompée de salle.

Même à petite dose, l'ocytocine agit vite. Elle galope dans mon système, les contractions gagnent en vitesse : l'âne qui me donne des coups de pied est très, très énervé. La sage-femme va pour augmenter mon goutte-à-goutte et je dis : "Vous ne touchez pas à ça avant que j'obtienne ma péridurale." Une blague.

Une femme pointe sa tête dans l'entrebâillement de la porte, puis s'immisce dans la pièce. Elle dit quelque chose à la sage-femme, mais en fait, elles parlent d'autre chose. Elle se tourne à moitié vers moi avec un sourire. Il y a un truc qui cloche dans un de mes tests sanguins. Elle me dit ça, puis dit à la sage-femme qu'on peut quand même y aller. La sage-femme se détend. Je réalise que parfois on ne fait pas de péridurale. Même si on en veut une. Ils ne peuvent pas, tout simplement. Et là, tout le monde passe un sale quart d'heure.

La sage-femme va vers le téléphone. Martin m'aide à me tourner sur le côté. Les contractions sont presque continues maintenant. En quelques minutes, une femme vêtue d'une blouse, vert "chirurgie", entre dans la salle. "Salut ! me dit-elle, je suis votre spécialiste antidouleur." Elle tend son bras au-dessus de mes fesses nues pour me serrer la main. Voilà une femme qui adore son métier. Martin saisit mes talons dans le creux de ses mains et pousse mes genoux jusqu'à ma poitrine pendant qu'elle pique ma colonne vertébrale avec son aiguille, parlant haut et fort, travaillant rapidement. Maintenant je suis plutôt en train de beugler. "CINQ", je rugis (ce qui semble les surprendre : cinq quoi ?), "QUATRE. TROIS. *(Ah bravo ma fille ! C'est ça !)* DEUX. UN. CINQ." Ils me tiennent comme un animal qui essaierait de se libérer, mais ce n'est pas le cas, je m'attelle à la tâche. Quand c'est fini, l'anesthésiste m'annonce la mauvaise nouvelle : il va peut-être falloir attendre dix minutes avant que ça fasse pleinement effet. Je n'ai pas dix minutes, je voudrais le lui dire, mais heureusement, la douleur commence à s'estomper.

La salle se tourne vers moi. L'anesthésiste tapote sa blouse et me sourit. Elle a l'habitude de recevoir la gratitude la plus abjecte, mais je remercie plutôt la sage-femme pour avoir réussi le minutage au poil près. La femme qui avait parlé de mes tests sanguins est revenue et la sage-femme me dit qu'elle termine son service maintenant, et que Sally va m'accompagner pour la suite. C'est une trahison mineure, que je ressens profondément. Martin va s'acheter un sandwich et Sally glisse des glaçons sur mon ventre pour contrôler le sens de la péridurale. Il n'y a plus de douleur.

Sally est adorable, l'incarnation même de la douceur. C'est le genre de femme qui respire la bonté. Il est peut-être 1 h 30 et dans la lumière blanche, sans douleur, je m'éclate, littéralement. Karen, l'obstétricienne, m'apprend que le col de mon utérus est passé de 0 à 8 centimètres en un rien de temps. Les cieux se sont ouverts, laissant resplendir les rayons du soleil. Martin est rappelé de la cantine. Il regarde les machines qui enregistrent la douleur que je ne ressens plus. Il dit que les contractions ont pété le cadran. On papote un peu et rigole, puis Sally nous dit que le moment est venu de pousser. Déjà.

Ça fait vingt heures que les femmes me répètent que je suis merveilleuse, mais je ne les avais pas crues jusqu'à présent. Je sais comment le faire. Je l'ai fait dans mes rêves. Je demande à être un peu relevée et le lit se soulève avec un vrombissement. Martin est invité à "saisir une jambe" et il accepte poliment : "Oh, merci." Sally prend l'autre et serre mon tibia contre ses côtes. *Poussez.* Les deux se penchent vers moi. J'attends le sommet de la contraction, l'attrape et surfe sur la vague. Je sens la tête, délicieusement grosse, sous mon bassin. Mes yeux sont tournés vers Martin durant tout ce temps, voici un cadeau pour toi, mon gars, celui-là, c'est pour toi, mais lui est occupé à regarder ce qui se passe à l'autre bout. Karen est de retour et ils sont tous en train de m'acclamer comme des hooligans : "Vas-y ! Vas-y ! Allez, encore un coup et poussez ! C'est bien." Je peux entendre cogner les battements du cœur de l'enfant sur l'écran de l'échographie et le terrible silence tandis que je pousse. Puis, bien avant que je m'y attende, Sally dit : "Je veux que vous haletiez cette fois-ci, haletez." L'enfant est descendu, l'enfant est là. Karen dit, oui, on peut voir la tête. J'envoie Martin vérifier en bas la couleur des cheveux. (Une blague ?) Je pousse encore un coup. Je demande si je peux toucher et voilà le haut de son crâne, visqueux, chaud et, le plus terrifiant, mou. Bizarrement, je saisis le doigt de Martin pour vérifier qu'il est propre et lui dis qu'il faut qu'il sente combien c'est mou. Alors il s'exécute. Après quoi, trêve de balivernes, c'est le retour aux poussées. Sally plonge son bras à l'intérieur de moi avec ses ciseaux plats et Martin, qui regarde, relâche ma jambe. Nous sommes à mi-poussée, je donne un coup de pied et lui me serre à nouveau. Karen, ravie, m'ordonne : "Regardez en bas maintenant et voyez naître votre enfant." Je penche ma tête au maximum et voilà le dos de la tête du bébé sortant doucement de sous la ligne d'horizon de mon ventre. Elle est noir et rouge et mouillée. Lors de la prochaine poussée, avec la perfection d'une machine, elle se retourne lentement. Et le voilà qui arrive, mon enfant ; le profil unique de mon enfant. Un regard de concentration intense, le nez tourné vers le haut, la bouche et les yeux provisoirement, délicatement fermés. Visage d'aveugle chargé de sensations intenses. A la poussée suivante, Sally attrape les épaules et tire le bébé vers le haut puis hors de moi. Au milieu de ce mouvement, la bouche du bébé s'ouvre, tout simplement, pour une première bouffée d'air. Il commence simplement à respirer.

"C'est une fille !"

Sally a dit, plus tard, que nous étions très silencieux quand elle est sortie. Mais je n'avais pas envie de dire la première chose qui m'était venue à l'esprit :

"Vraiment ? Vous êtes sûre ?" Les parties génitales d'un nouveau-né sont très enflées et rouges, avec un aspect un peu bizarre, et le cordon étonnamment gris et tordu, comme un pilier baroque. Et, par ailleurs, j'étais timide. Comment faire les présentations ? Je crois que j'ai fini par dire : "Ah, je savais que tu allais être une fille !" Je crois que j'ai également dit : "Allez viens là, ma chérie." On me l'a passée toute tartinée de quelque chose d'un peu plus poisseux que du fromage blanc. Je l'ai posée sur mon ventre et j'ai écarté un peu mon T-shirt pour lui faire une place sur mon sein. Elle a ouvert ses yeux pour la première fois, regardant mon visage, l'iris un peu voilé. Elle a cligné des yeux et a trouvé les miens. C'était un regard très suspicieux, grincheux et j'étais anéantie.

Martin, à lui l'honneur, coupe le cordon en maître de maison. Une fois que j'ai expulsé le placenta, Karen l'a tenu en l'air pour l'inspecter, le faisant pivoter en connaisseuse : un filet à cheveux ensanglanté, quoique plus lourd, plus glissant.

Le bébé était long. Son visage ressemblait au mien. Je ne m'étais pas préparée à ça. Ça m'a réellement éberluée. "Elle me ressemble." Et

Martin a dit (une vieille blague) : "Mais elle a mes jambes." A un moment donné, elle était emmaillotée, à ne plus pouvoir bouger, dans une couverture bleue, grâce au ciel, car je ne pouvais plus supporter de voir combien elle était petite. A un autre moment, ils se sont éclipsés, nous laissant seuls à répéter encore et encore : "Oh mon Dieu." Je l'ai mise à mon téton et elle m'a tété. "Oh, mon *Dieu*", dit Martin, et je l'ai regardé comme pour dire : "Mais, à quoi tu t'attendais ?" J'ai appelé ma mère qui a dit : "Félicitations, c'est le plus beau jour de ta vie", et s'est mise à pleurer. J'ai trouvé ça un peu exagéré. Sur une photo qui a été prise ce jour-là, j'ai l'air pragmatique et impassible, comme si je venais de nettoyer le four et m'apprêtais à m'attaquer au frigo.

Je suis parfaitement calme avant qu'on nous roule le long du corridor. L'enfant regarde la scène qui défile avec un plaisir alerte. Elle est si éveillée et lucide. Elle est saturée de vie, elle est intensément vivante. Son visage est un petit triangle et ses yeux ont la forme de feuilles à travers lesquelles elle regarde, aimant le monde.

Deux heures plus tard, je suis sous la douche. Lorsque je me lave entre les jambes, je suis étonnée de trouver que tout est engourdi et pâteux. Je me demande pourquoi. Puis je me rappelle que la tête d'un bébé est sortie par là, est réellement sortie. Quand je reprends connaissance, je suis assise sur une infirmière. Elle est assise sur la cuvette des W-C à côté de la douche. La douche continue à couler. Je suis très mouillée et elle est en train de dire : "Ça va, ça va, vous allez bien, je vous tiens." Je crois que je suis en train de dire : "Je viens d'avoir un bébé, je viens d'avoir un bébé", mais je suis peut-être en train d'essayer de le dire, sans rien dire du tout.

LE LAIT

Le lait me surprend. Il ne me dégoûte pas autant que je m'y attendais, à moins qu'il ne soit pas frais. Il est dérangeant qu'une partie de soi puisse tourner si vite. Je ne pense pas que Freud ait jamais parlé de lactation, mais il y a une différence très subtile entre *bons* et *mauvais* produits corporels. Les femmes ont tant de fuites. C'est pourquoi nous faisons le ménage, ce qui implique qu'un homme qui fait le ménage est toujours *anal*. Une femme qui nettoie c'est simplement une femme.

En effet, il y en a en grande quantité et il y en a de partout. La lessive fait peur à voir. Mais qu'est-ce que c'est amusant d'avoir une nouvelle fonction corporelle si tard dans la vie. C'est comme si on se réveillait un beau matin en sachant pour la première fois jouer du piano. De jour en jour, l'enfant s'alourdit dans nos bras. Elle devient dodue des poignets jusqu'aux chevilles. Elle a des fossettes là où il y avait ses phalanges, ses orteils sont grassouillets. Je pensais qu'on allait troquer notre poids, un kilo pour un kilo, mais elle en prend plus que ce que j'en perds. Je suis confrontée à des calculs bizarres et difficiles : le poids des provisions dans un sac par rapport au poids de ses couches. Ou alors mon poids plus un demi-litre d'eau, moins 100 grammes de lait par rapport à son poids, plus 100 grammes divisés par hier. Quand j'étais à l'école une camarade de classe avec une forte poitrine a posé ses seins sur une balance et supposé qu'ils pesaient un kilo chacun. Je ne sais pas comment elle a fait, mais je pense encore aujourd'hui qu'elle se trompait. Plus lourds, ils devaient être beaucoup plus lourds.

Il est assez agréable qu'une partie de son propre corps prenne soudain du sens après de nombreuses années. Un homme peut admirer nos fesses, mais elles nous servent aussi pour s'asseoir dessus. Les seins, en revanche, étaient là tout simplement, sans fonction apparente. Mais tout de même, l'angoisse de la grossesse c'est l'angoisse de la puberté qui repart à zéro. J'ai trente-sept ans. Je ne veux pas que mon corps se remette à "faire des trucs" comme une sorte de caméléon. Je ne crois pas les gens qui prétendent que ces choses-là vont être merveilleuses. Qu'elles sont "prédestinées". Je suis dubitative devant l'étincelle dans le regard des femmes, ce clan d'illuminées, et j'écoute plutôt la voix d'une copine qui a donné le sein à ses enfants jusqu'à leurs vingt-huit mois et demi et qui dit qu'ils étaient "comme des tiques".

Alors je nourris l'enfant parce que c'est mon devoir de le faire et je me résigne à rester à la maison. Je n'ai jamais aimé être autour de femmes qui allaitaient : il y avait toujours trop d'amour, trop de besoins insatiables dans la pièce. Je soupçonnais également qu'il y a là une source de plaisir sexuel. Pour qui ? Oh, mais pour tout le monde : pour la mère, l'enfant, le père, le beau-père. La voix de chacun un tantinet nerveuse comme si de rien n'était, alors que tout le monde est en train d'en tirer un plaisir pervers, bourgeois. Beurk.

“Les seules femmes qui donnent le sein sont les femmes de docteurs et les gitanes”, avait dit une sage-femme à la mère d’une amie lorsqu’elle avait été mise au monde, il y a quarante ans. Il y a un mois ou deux, j’ai cru sentir une aversion similaire chez les sages-femmes, obligées par l’hôpital et la politique gouvernementale de palper l’enfant et de pincer mes tétons, quoique, franchement mes sœurs, moins fort que ça. C’est probablement plus facile pour les hommes, qui aiment les seins de manière générale, mais moi je les ai toujours trouvés légèrement répugnants, vus de près en tout cas. Souvent même, ils me rendent jalouse. Même le mot “sein” est difficile. C’est drôle combien de personnes disent qu’elles trouvent que de donner le sein en public c’est leur mettre un peu trop sous le nez. Oh, la rage !

Alors appelons ça “l’allaitement”, et soyons discrets. Ça reste le meilleur moyen de vider une pièce. Ce n’est pas mon sein qui pose problème (que ce soit le gauche ou le droit), le “problème”, c’est le bruit. Parfois, l’enfant boit aussi simplement qu’on boit d’une tasse, parfois il grommelle, avale goulûment, manque de se noyer, crachouille et halète, puis émet des râles un temps avant de remettre ça. Il s’agit peut-être, en effet, d’une activité iconisée, rendue sacrée par certains, répugnante par d’autres, mais ça reste avant tout un repas. Les moments sereins ne sont qu’occasionnels. Je lui souris quand même et je roucoule un petit peu, mais je lis également beaucoup (elle va détester les livres), je parle et je tape (ça par exemple). Ensuite, elle régurgite. Les gens fixent, ébahis, la blancheur de cette substance, comme je l’ai fait au début. Regardez ! du lait !

"C'était avant tout la blancheur de la baleine qui me consterna." Le XIXe siècle prenait très au sérieux ses seins. Enfin, je le crois. Je n'arrive pas vraiment à entrer dans une bibliothèque pour le vérifier. Je songe à ces références que je trouvais particulièrement exaltantes ou dérangeantes lorsque j'étais enfant. Les héros des *Mines du roi Salomon*, par exemple, qui gravissent difficilement le Sein gauche de Sheba (une montagne) torturés par une horrible soif. Le chapitre s'appelle : "De l'eau ! De l'eau !" et vient d'une époque où l'on avait le droit d'être tellement lourd que ça faisait mal. "Ciel, comme nous avons bu." Ces volcans éteints sont "ineffablement solennels et altiers" et difficiles à décrire, ils sont couronnés avec des brouillards qui "les enveloppèrent peu à peu et les voilèrent à nos yeux. On ne voyait plus que des lignes brunes dans un nuage floconneux". Dans un drame épique de faim et de satiété, nos héros surmontent lave et neige pour atteindre le sommet de l'énorme téton gelé. Là, ils trouvent une caverne occupée par un mort (Quoi ?! Quoi ?!), et dans cette caverne un membre de leur équipe meurt aussi : Ventvogel, un "Hottentot", dont le "vilain nez retroussé" avait la capacité de flairer de l'eau. (On ne veut pas savoir.)

Jusqu'ici, très infantile, je regarde comme au théâtre mon enfant à mon sein et (lorsque je ne suis pas en train de lire, de taper, ou de parler) je l'encourage avec des acclamations. Elle se réveille avec un cri au milieu de la nuit et je me questionne sur ses rêves ; il y a peut-être un homme mort dans une caverne encore relié à ma personne. Oh là là ! Quand est-ce que tout est devenu si sérieux ? Je me tourne vers Swift pour le côté comique plutôt que pour la tragédie (de la disproportion des choses) mais Gulliver juché sur un téton brobdingnagian se révèle, lors d'une relecture, participer à une orgie de dégoût sur des pisseuses géantes. Rien de tout cela ne me paraît *vrai*. Je n'ai aucun besoin du dégoût de l'enfant, tout comme elle n'a aucun besoin du mien. Je suis éprise d'un être qui n'est, à ce stade, qu'un ensemble d'émotions disposées autour de boyaux. Qui est juste une déféqueuse, qui est juste une âme.

Toutes les mères sont-elles manichéennes ? Voici une seule des centaines de questions qui n'ont jamais été posées sur la maternité. Ce qui m'intéresse n'est pas cet état de crise d'être un enfant, mais cette nouvelle crise d'être mère (oui, il y a des cannibales dans mes rêves, oui), un sujet sur lequel si peu a été écrit. Les mères ne savent-elles pas tenir un stylo ? Ou est-ce dû simplement au fait que nous sommes tous des enfants, lorsque nous écrivons ?

Je vais à la librairie *Books Upstairs* à Dublin, à la recherche d'un poème écrit par Eavan Boland. L'enfant dans la poussette fait furieusement banlieue, affublée d'une grenouillère avec une capuche. C'est triste à dire, mais, exceptionnellement, je suis démesurément fière du fait qu'elle soit propre. On négocie les marches, on fait tomber des livres. L'enfant coule un bronze spectaculaire au beau milieu du silence du magasin, devant le rayon marqué "Philosophie". Je dis : "Oh, regarde, tous les livres. *Regarde*, tous les livres", parce que je suis convaincue qu'il faut lui parler et je ne sais pas quoi dire d'autre.

Le poème s'appelle "Night Feed". Il est magnifiquement mesuré et très satisfaisant : "Un limon de lait. / La dernière succion / Et maintenant tes yeux sont ouverts, / Couleur naissance, offensés."

Mais le poète choisit une bouteille, pas un sein, plaçant le poème dans la modernité fade des banlieues. J'ai grandi dans ces banlieues. Je sais ce que nous avons fui. Car la vérité, désagréable, c'est que l'Irlande de mon enfance vouait un culte aux vaches proche de celui de l'Inde. Quand j'avais onze ans, j'ai gagné un appareil photo automatique Kodak au Concours du Lait, un grand événement annuel, où chaque écolier du pays devait écrire une histoire titrée : "L'Histoire du lait". Je me souviens encore de l'arrivée des vaches charolaises qui a marqué le début de l'histoire d'amour que l'Irlande entretient depuis avec l'Europe. Pour les membres de ma famille travaillant dans l'agriculture, la chose la plus excitante dans l'Union économique n'était pas la promesse d'aides gouvernementales, mais cette espèce de taureau couleur nougat aux grands yeux, dont la semence pouvait être utilisée autant dans les troupeaux laitiers que dans les troupeaux de boucherie, aussi bon pour la viande que pour le lait. C'était un animal romantique, porteur d'autant d'espoir que la conquête de la lune. Il y avait même des boutons de manchettes en forme de charolais et les hommes les portaient à la messe et au marché. La mode perdure. Il y a deux ans, une de mes connaissances, personnalité médiatique, en a acheté quatre assortis à ses rideaux.

Le pays était inondé de lait. Les cuisines et les chambres étaient décorées avec la Madone et l'Enfant. Après l'arrivée du lait en poudre pour les nourrissons durant les années 1950, l'allaitement était devenu davantage une activité choisie, bourgeoise, mais toujours courante à la campagne et qui se pratiquait partout de façon plutôt optimiste comme forme de contraception. Et pourtant, bien que répandu partout en Irlande, l'allaitement était absolument caché. L'image la plus proche de l'allaitement que la culture ait trouvée était l'icône du Sacré-Cœur, offrant perpétuellement son sein mâle, ouvert, nimbé, et couronné d'épines.

En fait, vous savez, l'allaitement fait mal. Je vous jure, ça fait foutrement mal. Lors de la troisième nuit de la vie de ma fille, je me suis retrouvée avec un être humain de la taille d'un chat et rien d'autre pour la sustenter que ce *petit bout de téton*. Les folles (dit-on) pensent que leurs bébés sont possédés. Et ils le sont. Ils vous regardent, possédés par leur propre personne fascinante. On dit : "D'où c'est sorti, ça ?" On dit : "D'où es-TU sorti ?" Ce bébé est un pur besoin, un besoin dont nous n'avions jamais soupçonné l'existence. Et tout ce qu'on a à offrir est une partie muette de notre corps qui, nous dit-on, va d'une manière ou d'une autre commencer, de lui-même à *exprimer*, un peu comme s'il risquait de se mettre à chanter "Summertime". Il semblerait qu'on nourrit notre enfant uniquement d'espoir. On ne voit rien. On ne croit pas que le lait existe jusqu'à ce qu'il le régurgite, et à ce moment-là, on a envie de pleurer. Ce qui n'est pas tout à fait à nous, quand ça nous quitte, l'est indubitablement lorsque ça nous est rendu.

Alors voilà qu'on se trouvait là, dans la pénombre de l'hôpital, moi et mon Dracula blanc, son menton dégoulinant de lait et ses yeux noirs. Ce dont je me souviens, c'est combien son regard était humain, bien que tellement neuf. Elle semblait dire que l'affaire était sérieuse et que nous y étions toutes les deux engagées. Les minuscules bébés ont une telle complexité émotionnelle. Je suis sidérée que le courage soit un des sentiments qu'elle ait déjà connus, qu'elle ait pu naître si intrépide, si facilement offensée, tellement elle-même.

Elle est également, à ce stade précoce, presque asexuée. Voilà qui est utile. Les statistiques précisant combien les filles sont moins allaitées, par rapport aux garçons, sont choquantes. Il y a sans doute bon nombre de raisons pour cela, mais, l'une d'entre elles doit forcément être le degré auquel notre société a sexualisé le sein. Globalement, le sexe a ruiné l'allaitement. De nos jours, c'est devenu une affaire d'éthique : légèrement sale, légèrement merveilleux, toujours dérangeant, un devoir. Ça n'a aucun aspect comique. Personne n'a informé l'enfant de ça. Il semble le trouver, finalement, assez amusant. Tout comme moi, d'ailleurs.

On se tourne vers Sterne pour trouver de l'hilarité, de l'envie, toutes ces émotions voraces du XVIIIe siècle, transmutées par le langage en délectations. Shandy cite Ambrose Paraeus sur l'effet brimant que le sein qui allaite peut avoir sur le nez de l'enfant, en particulier "la plus ou moins tendre élasticité du sein de la nourrice : mou et flasque, le sein donnait des nez longs et valeureux, tandis que les nez camus ont pour origine cette fermeté d'un sein jeune et dru, circonstance plaisante en soi pour la femme mais fatale à l'enfant, dont le nez se trouve si violemment repoussé, si vertement remis à sa place, refoulé et réfrigéré, qu'il ne parvient jamais *ad mensuram suam legitimam* (à sa bonne dimension)". Ce qu'il fallait était un sein mou et flasque afin que "le nez qui s'y enfonce comme dans une motte de beurre s'en trouve ragaillardi, nourri, engraissé, rafraîchi et mis en humeur de croître sans cesse".

A l'époque, le mot poitrine était encore courant, facile. Les hommes se la frappaient, braquaient des pistolets dessus et étaient généralement si préoccupés à la bomber, la faire rayonner qu'ils auraient pu faire honte aux filles. Il y a une distinction entre “la poitrine” et “les seins” bien sûr. Mais il demeure charmant de penser que ce siège de l'honnêteté et des sentiments soit le singulier d'un pluriel qui provoque du désir. Comme si, en termes modernes, on attrapait le feu au cul en regardant les yeux de quelqu'un se remplir de larmes. Ce qui nous arrive parfois, en effet.

Non, le lait m'a surtout surpris parce qu'il fait mal quand il monte et cette douleur insensée me frappe au pire des moments. Le réflexe est censé fonctionner à la vue, le bruit ou la pensée de notre bébé, ce qui est déjà suffisamment flippant, mais le cerveau ne semble pas savoir ce qu'*est* un bébé exactement, et essaye donc de nous faire nourrir n'importe quelle créature, sans défense, merveilleuse ou petite. Ce qui fait que j'ai des montées de lait pour des sous-mariniers russes et la mort de touristes allemands dans le Concorde. La solitude et la technologie ne me ratent jamais, ne ratent jamais mon lait. Le désir, également, me poignarde non pas le cœur, mais chaque côté du cœur, mais ça je m'y attendais. Ce à quoi je ne m'attendais pas est qu'il y ait certaines choses qui ne m'émeuvent pas mais fassent mouvoir mon lait. Ou bien que parfois je me rende compte que je suis émue, seulement une fois que je ressens la douleur. Je me retrouve partie à la recherche d'un souvenir que je n'arrive pas à saisir, à la recherche de quelque chose de triste ou de charmant dans la pièce. Etait-ce cet assemblage de mots, ou l'expression sur son visage ?

Qu'est-ce qui fait tant appel à mon inconscient, ou à mon hypophyse, ou mes cellules alvéolaires ?

J'ai réalisé qu'une part de moi aimerait bien allaiter l'inconnu dans le bus. Ou peut-être qu'elle voudrait allaiter le bus lui-même, ou l'arbre que je vois par la fenêtre du bus, ou l'enfant que j'ai été, achetant mon ticket en rentrant de l'école. Cette incontinence occasionnelle est terrifiante. Ça me donne envie de crier, je ne sais trop quoi. Soit : "Prenez-le !", soit : "Stop !" Si le monde cessait d'être indigent, mon corps me reviendrait. Mon corps rentrerait à la maison.

Je pourrais demander (de manière sournoise) si ce sentiment ressemble à la gêne causée par une érection subite ou par des larmes ? Est-ce comme ça quand on est gêné par les larmes ? Peu importe, je crois qu'on peut dire que, lorsqu'on s'émeut, c'est une sorte de liquide qui se meut : du sang, du lait, ou de l'eau salée. Je n'ai pas eu une grossesse très larmoyante, surtout parce qu'on n'a pas la télé. Les femmes enceintes pleurent pour des pubs de PQ ; certaines disent que ce sont les hormones, mais moi je crois qu'on a entrepris un tel travail d'imagination qu'on risque de tituber sur la corde raide. Bien sûr que la télé a toujours été provocatrice de larmes d'occase comme de désirs d'occase. Les histoires, peu importe combien elles sont fausses, provoquent une réaction biologique réelle en nous et nous en avons l'habitude. Mais les questions soulevées par mon corps qui allaite sont plus éprouvantes pour moi. Avons-nous besoin d'histoires afin de produire de l'émotion, ou bien est-ce qu'une émotion est déjà en elle-même une histoire ? Autrement dit, quelle est la relation entre le narratif et mes cellules alvéolaires ?

Je soupçonne, tout en scrutant la pièce à la recherche de la faim, à côté de la cheminée, ou bien dans ses cris, que j'ai trouvé un endroit d'avant le commencement des histoires. Ou bien l'endroit précis où démarrent les histoires. Comment expliquer, sinon, le basculement du langage qui a eu lieu dans mon cerveau ? C'est pourquoi les mères n'écrivent pas, parce que la maternité se passe dans le corps autant que dans l'esprit. J'avais pensé, que l'enfantement allait être une sorte de voyage d'où l'on pourrait envoyer des dépêches chez soi, mais ce n'est pas ça, évidemment. L'enfantement, c'est chez soi. Dorénavant, partout ailleurs est *à l'étranger*.

Un enfant est sorti de moi. Je ne peux pas encore le comprendre, ni tenter de l'expliquer. Sauf pour dire que ma vie passée m'est devenue étrangère. Sauf pour dire que je suis la proie de cette petite chose pour le reste de ma vie.

Fichtre.

NEUF MOIS

JOUR UN : AH

Développement (le bébé)
Je me réveille au son de mon bébé disant : "Ah." C'est le lendemain matin du jour où elle est née. "Ah", elle le dit très distinctement. Voici sa voix, et cette voix semble s'étonner d'elle-même. "Ah", la voilà repartie.

C'est peut-être un réflexe, comme lorsque je pose un pied de bébé sur le drap et elle semble vouloir traverser le lit. Elle sait déjà comment parler, mais il va falloir quelques mois avant qu'elle cesse de me taquiner, et le refasse.

On naît sachant tout.

Régression (moi)
Je me réveille au son de mon bébé disant : "Ah." C'est le lendemain matin du jour où elle est née. "Ah", elle le dit bien distinctement. Voici sa voix, et cette voix semble être étonnée par elle-même. "Ah." La voilà repartie.

Elle devrait être en train de pleurer, mais au lieu de ça, elle parle ; expérimentant avec ce son qui sort de sa bouche. L'utérus est si silencieux. Et, bien sûr. Bien sûr ! C'est tellement évident. J'ai accouché d'un enfant parfait.

Je me penche sur le lit d'enfant et la regarde pendant un moment. Je décide que je dois faire un autre bébé immédiatement.

Voyez-vous, je n'ai jamais cru, jusqu'à ce moment précis, que j'en serais capable, que je pourrais le faire. Maintenant je sais que c'est possible : quelque chose d'aussi simple que le sexe peut fabriquer quelque chose d'aussi compliqué qu'un bébé, un vrai. Quel merveilleux tour de magie ! Et je me demande, dans combien de temps ? Dans combien de temps est-ce que je vais pouvoir, à nouveau, faire l'impossible ?

On est maintenant fin juin. Avec un peu de chance, on pourra s'y remettre mi-août. On pourrait en avoir un autre d'ici… le mois de mai prochain. En laissant une marge pour les échecs, au plus tard, je serai en train d'accoucher au mois d'août de l'année prochaine. Ce qui veut dire qu'il va falloir que j'écrive ce roman en cinq mois, les épreuves pour Noël, pour se précipiter en vue d'une publication à la fin du printemps, et paf, un autre bébé ! Parfait, tout colle. Il faut que j'appelle Martin pour lui dire. Je décroche le téléphone qu'il m'a laissé à côté du lit et je compose un trois, annule, puis essaye un six. Je raccroche à nouveau. Je ne me souviens plus de notre numéro de téléphone.

Normalement, je mets trois ans à écrire un roman, mais ce n'est pas un problème : je peux faire des bébés, alors pour l'amour de Dieu, les romans c'est du gâteau. Regardez, tout est là dans ma tête. Je peux feuilleter les pages et savoir quelle est sa forme ; je peux me délecter de son ton.

Le roman est dans ma tête, mais le numéro de téléphone n'est pas dans ma tête. Je regarde autour de moi dans la pièce et réfléchis. Il est dans le dossier, bien sûr. Voilà, juste sous mon nom, je suis les chiffres avec mon doigt et compose.

Avant, j'étais douée avec les numéros. Mon cerveau a dû être reconfiguré durant la nuit. J'avais entendu dire que la maternité rendait bête, c'est peut-être ça qu'ils voulaient dire. Tant pis, je peux toujours utiliser un annuaire. Je peux tout faire. Je peux concevoir un enfant au milieu du mois de novembre, le 12, mettons, ou le 13, est-ce la moitié de la semaine ? Ce serait probablement plus détendu si j'ovulais le week-end. Il faut que je demande à Martin de m'apporter un calendrier.

Il répond au téléphone.

LE PREMIER MOIS : Le temps du rêve

Développement (le bébé)

Nous rêvons, durant nos premières semaines, plus qu'à tout autre moment de notre vie, plus qu'à tout autre moment dans toute l'étendue de nos jours, du rêve continu. Je me demande si elle sait qu'elle est réveillée. Elle ouvre ses yeux et le monde est là, elle les ferme et il est toujours là, ou bien quelque chose qui lui ressemble beaucoup en tout cas : la longue alternance entre clair et obscur qui constitue les semaines numéros un, deux et trois. Le paysage du sein de sa mère. Le séisme causé par sa mère se levant du lit. Le boucan autour de tout ça.

Deux visages. Deux personnes souriant béatement, chantant, gazouillant, l'interpellant. Ils la regardent dans les yeux, au *fond* des yeux et ne détournent pas leur regard. Ils sourient : une énorme brèche dans le O du visage. Bonjour. Oui. Bonjour. Quelque chose se débranche dans sa tête et elle se détourne.

Surcharge. Session interrompue.

Régression (moi)
Je ne sens jamais sa peau. Elle est toujours habillée : un autre body, une autre grenouillère, toujours blanc comme neige, puis jaune autour du col à cause des taches de lait incrusté. Je la change tout le temps, mais un vêtement après l'autre. Je change la couche, puis le body, mais rien ne me forcera à lui donner un bain. Elle n'a pas encore de graisse sous la peau. Tout ce que nous considérons comme de la peau, le plaisir de la caresser, la façon dont elle file sous nos doigts, c'est en fait de la graisse. Douce et miséricordieuse graisse.

Je me faisais un plaisir de découvrir sa douceur, je pensais que sa peau aurait l'air tellement neuve. Mais elle a l'air d'appartenir à quelqu'un qui est resté trop longtemps dans le bain. Elle est trop fine. Sept couches de cellules, c'est ce que j'ai retenu de l'école, une surface est composée de sept couches de cellules. Mais je crois qu'elle n'en a que trois ou quatre, voire une seule : ça n'est pas tant une peau qu'un vernis.

Le week-end, chez mes parents, ma mère, avec pas mal de tact, vide la pièce. Juste à temps. Je pleure comme quelqu'un qui vient de subir un accident de voiture. Je pleure comme quelqu'un qui se réveille en réalisant que ce dont il rêvait était bien vrai.

"Pleure un bon coup", dit ma mère pour la première fois depuis vingt-cinq ans, elle aussi, enfin, en terrain familier.

LE DEUXIÈME MOIS

Développement (le bébé)
Les livres (les livres !) disent que ses mains vont se décrisper ce mois-ci, mais elles ont toujours

été ouvertes. Ouvertes, larges et longues. Le jour où elle est née, son père les a regardées et a dit, d'une voix grave et solennelle : "Tu sais qu'on va devoir acheter un piano maintenant."

Elle est allongée sur le lit blanc, vêtue d'une grenouillère blanche et elle tourne ses mains, doucement, devant son visage, infiniment gracieuse. Elle le fait lorsqu'il y a de la musique, prenant un air d'ancêtre chinois, concentré.

Elle continue à dormir la plupart du temps.

Elle se réveille avec un glapissement de faim et se jette sur le sein comme un vieux loup de mer salace. "Aaarh", fait sa bouche, alors qu'elle fouine d'un côté. "Aarrh." Elle s'en détourne pour remplir une couche : travail conséquent, avec un résultat toujours incertain. C'est ainsi qu'elle le considère tout du moins, un travail toujours étonnant et entrepris avec courage.

"Bravo, ma fille !"

On pose des jouets couinants sur son ventre et on sourit, avant qu'elle se déconnecte ou ferme ses yeux pour dormir à nouveau. Puis un jour elle ne se déconnecte pas. Elle sourit.

Régression (moi)

Je ne marche toujours pas très bien et le sang est absolument enquiquinant. Je consulte l'Internet à la recherche de quelqu'un qui sache quand est-ce que c'est censé s'arrêter, mais on ne parle que de joie et de désespoir. Tout le monde est focalisé sur la nutrition et la dépression postnatales, pas une seule info sur les fuites, les pertes, l'anémie. Tant pis.

Les premières semaines, selon ce que me disent certains livres, je suis censée prendre jusqu'à trois bains par jour. Ah ! Je fais couler un bain et l'eau se refroidit avant que je ne trouve un moment pour m'y plonger. Je m'assois dans le bain et m'en extirpe comme une grosse vache mouillée, titubant doucement, lentement sur le carrelage, pour me précipiter vers le bébé. Que veut le bébé ? Nous sommes tous d'accord sur le fait que c'est un bébé content et satisfait, mais il semble, tout de même, qu'une dizaine de minutes, loin de ce bébé content et satisfait c'est une minute de trop. Tiens ma chérie, voici ta grosse maman mouillée.

En fait, je n'ai pas réellement besoin d'un bain. Une petite trempette me va très bien. Je n'ai pas vraiment besoin d'avoir les cheveux propres. De toute façon je ne peux pas sortir, car mes pieds sont toujours trop gros pour toutes mes chaussures, sauf une paire de baskets molles et dégoûtantes. Ça non plus, ça ne me dérange pas. Si je devais faire une liste de toutes les choses que je pouvais et ne peux plus faire, elle commencerait et se terminerait avec aller aux toilettes. Je n'avais jamais pensé que c'était un droit humain fondamental. Mais maintenant, si. Ça devrait être inscrit dans une charte de l'ONU, l'opportunité, l'intimité, la capacité biologique d'aller aux toilettes. Personne ne mentionne ça sur Internet. Ils parlent plutôt de sexe. Le sexe. Ciel !

Quand vient le moment recommandé, nous essayons un peu de sexe. C'est un terrain vague, là, en bas. Les femmes sont de terribles menteuses. Maintenant, je ne pense plus à toutes les femmes qui ont accouché dans la douleur, je pense à toutes les femmes qui ont conçu leurs bébés dans la douleur ; les familles irlandaises avec onze mois entre un enfant et le suivant. Est-ce qu'elles se sont senties comme moi, maintenant, avant de tomber enceintes à nouveau ? Ce n'est donc pas étonnant qu'on ne nous ait rien dit (ces chuchotis dans la cuisine lorsque j'étais enfant). Bienvenue au grand secret : ça fait mal !

Mais je ne peux vraiment pas croire que ça fasse mal, comme ça, à tout le monde. Peut-être que je suis trop vieille, en fait. Peut-être qu'il y a un rapport avec le fait que j'ai les articulations particulièrement branlantes. Je pense que ça n'est pas tant les tissus qui font mal que les os.

Je n'ai jamais entendu quiconque parler de combien de temps ça dure. Alors je puise mes forces dans je ne sais quel nombre de générations de souffrances épouvantables qui m'ont précédée, pour aller à mon prochain contrôle médical avec un grand sourire et dire que tout va bien, merveilleusement bien. Formidable. Je ne veux pas être une trouble-fête. Et de toute façon c'est vrai : je suis en effet heureuse à outrance, bordélique, grinçante, désarçonnée, crevée, endolorie, mais heureuse, optimiste et intensément ragaillardie par tout ça.

Pendant ce temps, Martin est encore en congé de paternité et je peux dormir. Je somnole, je roupille, je ronfle. Je n'ai aucune difficulté à le faire. Pour la première fois depuis des mois, j'ai une vie onirique facile. Il semblerait que mon inconscient se soit un peu détendu. Cependant, si le bébé se met à pleurer, je jaillis du lit comme un cadavre sous électrochoc. Peu importe la coque vide de votre corps, la grossesse ne cesse pas quand ils sont sortis. Je suis encore attachée à ce bébé. Je continue à me nourrir afin de la nourrir. La seule différence est la distance entre nous, maintenant : tout cet espace et cet air à franchir, cet air qu'elle peut inspirer, puis expirer.

Bébé pleure. Elle pleure le samedi et elle pleure le dimanche aussi. Elle ne fait pas de pause durant toute la nuit de dimanche. Et lundi matin, elle pleure à nouveau. On fait connaissance avec la profondeur de la nuit.

Il y a deux façons diamétralement opposées de décrire ça, aussi, je commence à m'y entraîner. Je dis : "Bébé est un bébé heureux", et voilà ! c'est vrai. Si je disais le contraire, ça deviendrait tout aussi vrai : "Bébé est grincheux", on n'arriverait plus jamais à dormir. Je sombrerais vers le fond, dans un tourbillon ; la famille, la maison y seraient entraînées avec moi. Alors, donc, le bébé est un bébé heureux parce que nous n'avons pas d'autre choix, et plus on le dit, plus ça devient vrai.

D'ailleurs, regardez :

Un bébé tellement, tellement beau.

Une fois, peut-être deux fois par jour, je subis une image de violence terrible contre le bébé, comme une étincelle au coin de l'œil. Ça dure un quart de seconde, peut-être moins. Parfois c'est moi qui inflige la violence, parfois c'est quelqu'un d'autre. Martin dit que ce n'est pas grave, que c'est juste l'incroyable vulnérabilité du bébé qui me joue de drôles de tours dans la tête. Mais je sais que c'est aussi parce que je suis coincée, pas seulement par ses besoins infinis, mais aussi par l'amour sans bornes, insensé que j'ai pour elle. C'est important de rester du bon côté de l'amour comme ça. Pour une fois je suis contente d'être une mère mûre. Je ne panique pas. Je mets une limite sur les images qui flashent dans mon esprit. J'en ai droit à deux par jour, peut-être trois. Si j'en reçois plus, en route pour le docteur, pour les pilules du bonheur, avec ou sans chaussures.

Développement (le bébé)

Bébé pleure durant trois jours, par intermittences, puis elle fait autre chose, quelque chose de nouveau, ou bien plusieurs nouvelles choses, toutes en même temps. Elle commence à saisir les objets, puis elle découvre sa bouche aussi, fait le tour de ses lèvres avec sa langue. Ou bien elle trouve ses orteils et se met à balbutier en même temps. Les pleurs cessent.

Je me demande ce qui s'est passé pendant ces trois jours : se réveiller et pleurer ou bien se retourner et pleurer, voir, essayer d'attraper quelque chose, tâtonner ? Puis soudain, pousser un cri. Le cerveau en feu. Des indices et des prémonitions. Son esprit se prend en main. Il y a quelque chose qu'elle doit faire et elle ne sait pas ce que c'est. Il y a quelque chose à portée de main, et elle ne sait pas ce que ça pourrait être. Elle n'a jamais rien fait de tel avant et pourtant elle sait qu'elle doit le faire. Le changement et la pression doivent être énormes. Tout à coup, elle franchit le cap. Non seulement : "Abouaboua" mais les orteils aussi ! Non seulement ça, mais l'autre truc aussi !

Alors c'était ça. Quel soulagement.

Les bébés savent toujours qu'ils sont parvenus à faire quelque chose. Ils sont naturellement fiers de ce qu'ils font. Elle a une nouvelle expression tous les jours maintenant. Son air inquiet est plus inquiet, son sourire est lent, complexe et énorme.

Régression (moi)

A un moment donné pendant ce mois, je réalise que bébé va vivre, que lorsque je me réveillerai, elle respirera encore.

D'un jour à l'autre elle cesse d'être une minuscule créature vagissante pour devenir le véritable bébé qu'elle est. Tous ces mots démodés s'appliquent à présent : mignon, gazouiller, gigoter, fossette. Je cède à mes pieds, qui s'entêtent à rester gros et j'achète de nouvelles chaussures.

Je me balade dans les rues de Dublin avec Bébé dans un sac kangourou et tout le monde sourit à mon enfant et à moi : "Qu'est ce qu'il est mignon !", disent-ils présumant que c'est un garçon. Un homme se penche vers moi dans le bus : "Il fait très chaud, madame, j'ai de l'eau dans mon sac, si vous souhaitez rafraîchir votre bébé !"

A la maison, Martin lui met sa grenouillère, un minuscule petit bras après l'autre. "Où est-ce que Napoléon a perdu ses troupes, dit-il, dans la manche ?" Je les regarde et me dis combien tout ça est improbable.

Je ne vois pas comment ce bébé va grandir pour devenir une personne, une personne comme vous, ou moi, comme votre patron, ou cette bonne femme, la quarantaine, dans la rue. Je n'imagine pas où va tout ça.

LE QUATRIÈME MOIS

Développement (le bébé)

Bébé devient elle-même. Tous les jours elle est plus présente pour nous. Une personnalité monte à la surface de son visage, comme un polaroïd se développe doucement. Elle fronce les sourcils pour la première fois et c'est assez comique, le caractère délibéré et renfrogné de son froncement de sourcils.

Ou bien, peut-être qu'elle est en train de disparaître. Elle avait quelque chose de tellement absolu quand elle était un minuscule petit bout de chou. Quelque chose d'époustouflant, de tenace et tout à fait elle-même.

Bébé disparaît dans sa propre personnalité. Elle s'arrondit. Ses traits commencent à sembler étrangement confinés, comme un masque trop petit au milieu de son large visage rond.

C'est à ce moment-là que les bébés ressemblent à la reine Victoria ou bien à Winston Churchill, voire quiconque de gros et britannique au pouvoir. Elle est impériale quand son père la soulève. Elle est dans ses bras et se tourne vers moi, comme pour dire : "Mais qui êtes-vous ?"

Régression (moi)
Bébé est assise dans les bras de son père et regarde vers moi comme si j'étais une inconnue dans la rue. Oh, ce regard vide. Ça me fait rire et je vais la reprendre des bras de son père.

Bébé bébête.

Une fois que je l'ai bien en main, je regarde Martin et je découvre là, la sensation de grande faiblesse qu'ont les hommes, parfois, quand un bébé est né.

Je passe la prochaine étape à renégocier ce nouvel amour triangulaire avec ses lignes d'affection et d'exclusion. J'essaie de lui rendre toute son entité. Je dois me rappeler que l'amour est, en général, une bonne chose (bien que je le ressente souvent comme quelque chose de terrible). Je peux voir comment les gens paniquent à son propos : ils paniquent sur la perte absolue, irréversible de leur partenaire, ou ils paniquent sur celle de leur bébé. Les hommes surtout, mais pas seulement les hommes. Dans le couple, celui qui est le plus enfant est le plus déboussolé.

Ce doit être moi.

Alors pour un moment j'essaye d'être, et je suis, ce truc maternel, celui qui porte tout le monde, y compris soi-même, et garde tout le monde hors de danger. Bobonne, ma chère, bobonne.

LE CINQUIÈME MOIS

Développement (le bébé)
Bébé ne regarde pas le visage de ses doudous, pas les yeux, ni les oreilles, ni les rubans, mais l'étiquette cousue. Ils en ont tous une : un bout de tissu disproportionné précisant les instructions de lavage et le danger : "inflammable". Elle aime la complexité de l'écriture, mais peut-être que dans un monde infiniment changeant, elle est attirée par quelque chose de constant et petit. Tant pis pour *Lumpy*, l'éfélant de Winnie l'Ourson, avec ses pieds rouges, tant pis pour sa souris rose qui couine. Restons avec le lavage à 40 degrés.

Régression (moi)
Nous emmenons Bébé aux Etats-Unis lors d'une tournée littéraire. Nous lui donnons à manger dans des cafés, et changeons sa couche au bord de la route. Durant tout le voyage, je pense aux réfugiés et à toutes les femmes avec des bébés dans leurs bras, dans l'attente désespérée d'un prochain endroit sûr. Il y a une jeune fille de seize ans en Bosnie qui vit dans ma tête, et elle fait ce boulot tout aussi bien que moi avec autant de tendresse et autant de peur.

La tournée littéraire se passe bien, je crois.

Je prends un vol pour Toronto et Bébé rentre avec son père. Il ne me vient pas à l'esprit de me sentir coupable. Je me bourre la gueule. Je tire et jette mon lait dans les lavabos d'hôtels, un peu mélancolique, et je fais des blagues sur la crème de whisky irlandaise, Baileys Irish Cream, que je produis. Je m'éclate (et je rentre à la maison tremblante comme une amante).

L'allaitement terminé, je reprends la cigarette. Je suis accroc à la nicotine, mais je suis également accroc au fait de m'éclipser pendant deux minutes toutes les heures et rester seule, juste deux minutes, peut-être trois. Les cigarettes sont enfermées dans une pièce, le cendrier est à côté de mon ordinateur. Quand elle dort, je travaille et je crois que je deviens accro au travail également.

Je suis épatée de voir combien j'ai bossé. Le bébé dort durant des heures non-stop et je ne peux pas vraiment quitter l'appartement. Alors, autant pianoter sur mon clavier, à propos de toutes sortes de choses, d'ailleurs. Ça ne m'a pas l'air si bête que ça. Peut-être que ça viendra plus tard, la bêtise, après avoir passé quelques heures à dire "regarde le ballon BLEU", alors je tape encore plus vite pour doubler mon destin.

Bébé dort et je suis libre. Ce n'est pas tant que je ne suis plus dans la course, c'est que je n'ai plus besoin de courir après quoi que ce soit, ce qui correspond plutôt bien à mon genre de travail. Je plains tous les parents qui gagnent leur vie dans le monde réel et doivent y retourner. Si on passe quelques mois en dehors du circuit, le shopping, la baise, l'ambition, ça doit être difficile de retrouver de l'intérêt dans tout ça, en effet.

Je démarre une nouvelle : une femme qui dit : "Il y a un passage à vide, une sorte de désarroi qui gagne les femmes juste avant qu'elles aient des enfants. C'était mon cas tout du moins. Je ne savais pas d'où ça venait, peut-être que ça venait de mon corps, peut-être de ma vie, mais j'avais le sentiment que ce que je faisais ne valait rien, ou que je ne savais pas comment m'y prendre. J'ai vu d'autres femmes sombrer soudain comme ça : elles perdent confiance, elles tergiversent puis, peu après, elles font des enfants. "

Est-ce vrai ?

L'enfant dort. J'écris à propos d'une femme dans un navire avec un bébé dans le ventre. Avançant au gré des flots.

LE SIXIÈME MOIS

Développement (le bébé)

Bébé a découvert la locomotion (et la frustration), se propulser sur ses fesses en couches, sur son dos, à travers la pièce. J'appréhende. Je ne peux lui apporter le jouet. Il y a beaucoup de grognements. J'attends que ça atteigne un certain niveau, puis je cède.

A peine dans mes bras, elle tend les mains pour attraper la chose dont j'ignorais l'existence. Le monde est plein à craquer d'objets délaissés, pour lesquels Bébé n'a pas de filtre : une boîte de CD qui traîne, un paquet de graines, une pince à épiler, un carnet. Je suis épuisée et émerveillée par son attention constante qui effleure tout, diffuse et pénétrante, alors qu'elle s'élance de mes bras pour attraper une chose ou une autre, m'obligeant à la rattraper encore et encore. Le monde est un cirque et je suis son trapèze, ses échasses, son filet de sécurité ; pas seulement mère, mais aussi plate-forme et prothèse. Je ne suis pas certaine que je me sente encore comme un être à part entière.

Je crois que je me sens un peu utilisée.

Régression (moi)
Pendant la période de Noël on sort Bébé et tout le monde dit qu'elle est le portrait craché de son père. "Je ne suis pas une femme, dis-je, je suis une photocopieuse." Mais Martin est ravi d'avoir une petite version de lui-même, étrangement féminine dans ses bras. Lorsque je me plains, il rit et dit : "Toi, tu n'as été que l'enceinte."

Je suis une pochetronne à deux balles. Deux verres de vin chaud et je suis complètement pompette, faisant le tour de la pièce demandant : "Quand est-ce que ce truc, le sexe, tu sais… revient comme avant, se remet d'aplomb ?" Je fais un sondage. Je demande aux hommes, puisque c'est eux qui se plaignent d'habitude de ce genre de chose. Mais à la place de réponses, je reçois des silences gênés, mélancoliques. Il y a un type qui me lance bêtement un regard vide puis se détourne.

Personne ne veut parler de sexe, mais tous parlent volontiers de la merde. Sans fin. Le caca qui est sorti des deux bouts en même temps, le caca qui est sorti du col de la grenouillère, la crotte dure et ronde et la crotte molle et verte. Il n'y a rien de nouveau que les parents ne savent pas déjà sur cette substance. Ça me pousse à me demander pourquoi les humains s'embêtent avec le dégoût et si nous serons jamais dégoûtés à nouveau.

Le jour de Noël, Bébé aime le papier-cadeau, comme tout bébé qui a été dans cette maison : assise sur la moquette elle a jeté ses cadeaux par-dessus son épaule pour manger les grandes images bruyantes et froissées. Quelle glorieuse répétition ! Sa grand-mère en adoration, ses oncles, ses cousins et tantes, toute une famille se renouvelant avec chagrin et espoir, encore et toujours.

Développement (le bébé)
Les yeux de Bébé changent de couleur. Ils sont bleus, ourlés de bleu marine, ils sont verts avec un anneau bleu ciel et un jour, de l'ambre s'étale sur l'iris. Est-ce bien toi ? Ce sont tes yeux définitifs ?

Je franchis le seuil de la maison avec Bébé et lui fait faire le tour de la nouvelle maison dans mes bras. Elle adore la façon dont une pièce se métamorphose en une autre et accueille chaque espace avec émerveillement. Elle se penche en avant, gourmande du fait que les recoins existent et qu'il y a toujours autre chose autour. Elle s'assoit par terre, apprécie l'écho et crie.

Régression (moi)
Je ne me souviens pas de ce mois-ci. Nous avons acheté une maison et vendons notre appartement. Ou pas. On parle souvent de financement. Martin veille tard, nuit après nuit ; faisant des calculs sur des bouts de papier. Je pleure pas mal. Ou je m'empêche de pleurer.

"Je ne passerai pas une nuit dans la nouvelle maison. Il y fait trop froid", dis-je. Elle est trop loin. Il n'y a pas d'endroit pour coucher Bébé. Je suis obsédée par son sommeil. Elle dort dans la voiture sur le chemin de la maison puis nous devons quitter la maison afin qu'elle puisse dormir sur le chemin du retour.

Tous les jours je cogne la poussette en descendant les quatre étages pour faire visiter l'appartement, puis je la cogne à nouveau en remontant les escaliers avec les courses accrochées aux poignées. Je regarde tout autour de l'appartement et je pense que nous sommes en train de vendre tout son monde.

Cependant, il faut que je gagne des sous et Bébé ne veut pas dormir. Lorsque Martin rentre, je la lui passe, ou la lui fourre dans les bras, plutôt. Je vais vers l'ordinateur, et refuse qu'on me parle. Il faut absolument qu'il soit à la maison, le soir. Il faut absolument que je sois à la maison le soir. Nous sommes tous les deux figés. Personne ne bouge.

On n'en peut plus.

LE HUITIÈME MOIS

Développement (le bébé)

Bébé est en pleine forme et rit en pédalant dans l'air, sans aucune raison. Je ne sais pas de quoi elle rit. Est-ce un souvenir ? Est-ce qu'elle imagine pour la première fois des chatouilles, même s'il n'y a pas de chatouilles.

Elle est sans doute la seule personne vraiment heureuse sur la planète. Je la regarde et espère qu'elle n'est pas vraiment barge.

Régression (moi)

Je ferme la porte sur l'appartement, occupée avec les déménageurs. Je ne dis pas au revoir.

En route pour ma nouvelle maison, le câble de l'embrayage pète sur la voie rapide lorsque je change de vitesse pour m'arrêter au feu. J'allume mes warnings, me faufile et me déporte lentement vers l'autre côté de la route. J'appelle Martin, dont le portable est sur répondeur. J'appelle ma mère puis mon père. Je cours jusqu'à un pub, le bébé dans les bras, et demande si quelqu'un connaît un garage dans le coin. "Ce type-là en a un", disent-ils. J'arrive à atteindre le garage en première. Et ça continue comme ça.

Derrière moi, les déménageurs ont laissé fuir l'alimentation d'eau de la machine à laver dans l'appartement, ce qu'on apprend seulement deux jours plus tard lorsque l'eau déborde dans le hall de l'immeuble. Nous n'avons toujours pas de voiture. Martin reste longtemps après le travail pour sécher l'appartement tandis que moi, je déballe les cartons, ou du moins j'essaie de le faire, tout en m'occupant du bébé, et je râle et râle et râle. "Je n'ai aucun moment pour travailler, dis-je. Je n'ai même pas le temps de défaire les cartons." Pourquoi est-ce que ça se termine toujours, toujours comme ça, putain, avec la femme qui grimpe un Everest domestique pendant que l'homme se barre ? Je sortirais bien chercher une crèche, mais je dois commencer à gagner des sous avant de pouvoir payer une crèche. Il faut que je commence à gagner des sous pour rembourser la maison.

Il y a une tempête de neige aberrante. Nous n'avons pas de lait. Je plante Bébé dans la poussette et en patinant sur le chemin, la pousse à travers le grand vent.

LE NEUVIÈME MOIS

Développement (le bébé)
C'est le printemps. L'enfant regarde vers le jardin sous la lumière changeante. Il y a dans cette scène quelque chose qu'elle comprend, mais je ne sais pas de quoi il s'agit. Je ne sais même pas si c'est l'arbre, le fait que l'arbre soit là, ou bien qu'il soit vert, ou qu'il soit fait de tant de feuilles. Je ne sais pas si c'est le vent qu'elle aime, la façon dont

l'arbre bouge quand il souffle. Elle lève la main et se met à hurler. C'est un hurlement long et compliqué : "Aah aah beeeh ooh. Ahh naaa mann bouah !" elle fait un discours. Sa main est levée en l'air ; la paume se tend vers le ciel comme si elle déclamait. Si je comprends bien, il n'y a rien dans le jardin qu'elle désire, elle veut juste dire que c'est là et que c'est bien. Elle veut le dire haut et fort et longuement.

Bébé témoigne. Bébé atteste.

Régression (moi)

Je n'ai pas de notes pour ce mois-ci.

Je déballe des cartons. Je porte Bébé et l'aime, comme une tragédienne. Elle m'aime comme la meilleure blague du moment.

Le jour de ses neuf mois, je me dis qu'elle a été hors de moi à présent autant qu'elle a été en moi. Elle est deux fois plus vieille.

Je suis le miroir et la charnière. La voilà. Elle est aussi vieille qu'elle-même.

LE TEMPS

Mon souvenir le plus lointain est un porte-casseroles. C'est là où ma tête commence. Le porte-casseroles est installé dans un coin avec un placard d'un côté et, de l'autre, une marche. La marche mène à une autre pièce, où au fin fond, une femme aux cheveux blancs est assise sur une chaise.

Des discussions avec ma mère mènent à un seul porte-casseroles, dans un cottage, au bord de la mer, l'été de mes dix-huit mois. Il était fait, dit-elle, de fer forgé noir et se trouvait à côté d'une vraie marche et la femme aux cheveux blancs doit être sa propre mère, qui est morte quand j'avais six ans. Cette image est tout ce que j'ai d'elle, et encore, ce n'est pas tant une image qu'une sensation. Elle s'était peut-être assoupie, mais je crois qu'elle lisait. Et le porte-casseroles avait quelque chose de tranquille et dissimulé, tout un truc en pyramide avec des étagères pour quatre pots. Je me souviens d'une petite casserole sur l'étagère du haut. Je suis tentée de dire qu'il y avait une grosse casserole sur celui du bas, mais ça serait un peu tiré par les cheveux. Je donnerais n'importe quoi pour savoir comment était le lino.

A neuf mois, Bébé met sa tête dans une casserole et dit : “Aaah Aaah Aaah.” Elle le dit très doucement et écoute l'écho. Elle a découvert ça toute seule. Pour célébrer ça, je mets ma propre tête dans le pot et dis : "Aaah Aaaah Aaaah." Puis elle le fait à nouveau. Puis je le fais à nouveau. Et ainsi de suite.

Le reste de ma famille ne croit pas que je me souviens du porte-casseroles, prétextant que c'est un souvenir bête et que, de toute façon, j'étais beaucoup trop jeune. C'est le boulot des familles de rejeter les souvenirs des uns et des autres, même ceux qui sont agréables, et étant la plus jeune je suis parfois forcée de me battre pour le contenu de ma propre tête. Mais mon frère s'était cassé le coude cet été-là. Ma mère a dû l'emmener à l'hôpital à Dublin et grand-mère s'est occupée de nous pendant qu'elle était partie. C'était la première fois de ma vie que j'étais sans ma mère si longtemps. Si elle était restée, je suis certaine que je n'aurais rien retenu de cette maison, ni le porte-casseroles ni ma grand-mère non plus.

Nous chapardons nos propres souvenirs. Nous les dérobons au monde et les conservons.

J'ai laissé Bébé pour la première fois quand elle avait quatre mois. Elle a passé certains jours, durant mon absence, avec ma mère. Je me demande quelle image pourra bien lui rester de ces moments-là : une couleur, une odeur, un ensemble de formes peut-être, sans affect, immobile puis, au loin, quelqu'un. Juste ça : quelqu'un.

Et au premier plan ? La moquette, peut-être. J'espère qu'elle se souviendra de la moquette de mes parents, celle dont j'ai gardé un souvenir d'enfance, avec un dessin de feuilles vertes, comme des pierres posées, jalonnant le corridor.

J'ai un autre souvenir, peut-être plus ancien : déchirer la tapisserie des murs à travers les barreaux de mon lit-cage. Ma mère est aussi absente de cette scène, mais tandis que le souvenir du porte-casseroles n'est ni heureux ni malheureux, celui-ci est assez grisant. J'ai sans doute mangé le papier. Le plâtre en dessous était rose et granuleux et je m'imagine maintenant que je peux me souvenir du frisson que me procurait son goût. Je me souviens également de la forme de la déchirure sur le mur, du moins je le crois. Toujours est-il que je le vois dans mon souvenir. Une jointure à gauche, merveilleusement droite, avec quatre bandes déchirées irrégulièrement, comme un groupe de gros doigts estropiés.

Je sais que ce souvenir est, dans un certain sens, vrai, mais lorsque j'essaie de le débusquer, il s'en va. Il est dans ma vision périphérique, et se présente quand je me concentre sur autre chose, comme sur le clavier de mon ordinateur. Quand j'arrête d'écrire cette phrase et lève le regard de l'écran pour tâcher de voir le dessin de la tapisserie, j'ai un trou. Les souvenirs, par essence, ne se laissent pas scruter, et le regard de l'esprit n'est pas le même que celui que nous utilisons pour traverser la rue, par exemple.

Je me demande si c'est comme ça que Bébé voit les choses : à la fois vaguement et précisément. J'imagine que ça doit être une manière très émotionnelle d'exister dans le monde. C'est peut-être moi qui suis sentimentale, mais le monde visuel ne lui procure que de l'émerveillement. Il n'y a (semble-t-il) aucune horreur, aucune frayeur. Les tout petits bébés ne voient qu'en monochrome. J'imagine la couleur qui coule et se répand doucement dans sa tête, comme un écran télé lentement ajusté : formidablement lent, comme une télé végétale qui pousse silencieusement au coin d'une pièce. J'imagine sa mise au point devenant plus précise, profonde, comme un cameraman complètement *stone* qui ajuste son optique. “Oh”, dit-elle, ou quelque chose de précurseur du “Oh”, une inhalation superficielle, une immobilité lorsqu'elle est saisie par une chose et commence à la guetter : prudente, fascinée. Le plus beau son du monde : le son de l'haleine d'un bébé ébahi.

Il y a quelque chose qui se serre en moi quand elle est saisie comme ça. Durant des mois, je suis l'esclave de son attention. Le monde est tout couleur, lumière et texture et je suis sa fière compagne. Je n'ai pas le choix, personne ne l'a. Dans un café, trois femmes se retournent pour lui sourire, et puis, toutes ensemble, elles lèvent le regard : “Ah, elle aime la lumière”, dit l'une d'elles. Et ça nous fait plaisir à toutes. Immensément.

Le lustre, bien sûr, est horrible, et c'est l'une des raisons pour lesquelles les mères pensent qu'elles perdent la tête : elles sont fières que le bébé regarde la lumière, fières de la lumière qu'elles présentent au bébé : “Oui, la lumière !” Tout ça a quelque chose de zen. Le monde redevient simple et nouveau lorsque nous nous arrêtons tous pour admirer le bébé admirant un candélabre en fer forgé avec de curieux bouts qui pendent, et cinq, oui cinq, ampoules en forme de tulipes rayonnantes.

Elle est à des années-lumière de savoir ce que pourrait être *cinq*, peut-être qu'elle capte déjà ce qu'est la *cinquitude* de la chose. C'est comme ça que bougent ses yeux : Un, un autre ! Encore un ! Tous ! Les deux autres. Le premier à nouveau, un autre ! Autre chose.

Parfois elle lève la main comme le petit Jésus et a l'air de tout contenir, tout comprendre. Je ne demande pas à être pardonnée, mais quand même, je ressens de la rédemption dans son regard si entier. Et je sens la rédemption dans ses poignets potelés de bébé, sa main de bébé infiniment fine. Le bébé est une bénédiction, mais parfois elle bénit, elle *doit* bénir, ce qui veut dire qu'elle voit, tout simplement, et soulève sa main, en guise de signe.

Je soulève Bébé et l'on regarde dans la glace de l'armoire, qui a toujours été pour elle source d'émerveillement compliquée : C'est quoi ? c'est un bébé ! Elle sourit, il lui sourit en retour ! (Complication sur complication ! C'est moi ! C'est moi ! dit-elle, et toutes ses synapses, comme je me l'imagine, qui font ping ! ping ! ping !) Elle me voit lui sourire dans la glace ; elle voit sa mère se tourner pour lui sourire dans la pièce et oh, tout ça c'est trop. Elle se lance en avant pour examiner le bouton de porte de l'armoire.

En fait, il y a deux boutons de porte sur l'armoire. L'un est en bois et l'autre, pour une raison ou une autre, est en plastique couleur ambre. Le bébé va de l'un à l'autre et vice versa. Une des premières confusions dans sa jeune vie était quand moi-même et Martin avions penché nos visages sur elle au même moment : "Ah non, il y en a deux." C'était presque injuste.

En grandissant, il n'y avait rien qu'elle aimait plus que d'être portée par un de nous et regarder l'autre d'une manière quelque peu hautaine. Un peu plus âgée, elle est parfaitement satisfaite quand nous sommes tous les deux avec elle, tranquillement dans une pièce. Elle est passée de 1 à 2, et peut-être jusqu'à plusieurs. Je pense à ça quand elle va du bouton en bois vers l'ambré : un manège enchanté de ressemblances et de différences, celui-ci, celui-là.

Bien sûr, la première différence entre ça et l'autre n'est pas entre le père et la mère, ni même entre Bébé et le *bébé dans la glace,* mais entre un sein… et l'autre ! Si la femme avait cinq mamelons, eh bien, l'humanité, aujourd'hui, habiterait sur la lune.

Hier, il faisait beau, j'ai enlevé ses chaussettes et l'ai mise debout sur la pelouse. Elle a adoré ça, mais peut-être pas autant que moi, sa première expérience de l'herbe. Pour elle, cette chose verte était tout aussi différente et délicieuse que tout le reste, la *première* était pour moi. Parfois, j'ai l'impression de lui présenter ma propre nostalgie du monde.

En attendant, l'herbe est verte, et élastique, incroyablement variée et tout simplement elle-même, peut-être même est-elle comestible. Tout va dans sa bouche : ça, c'est le goût du jaune, ça, c'est le goût du bleu. Depuis qu'elle a commencé à se déplacer, elle a également découvert le goût de la terre, du pain toasté de la veille, et probablement des crottes de souris, car il a fallu des semaines avant que je m'aperçoive qu'on n'était pas seuls dans la maison. Le papier reste son but suprême, et elle regarde au-dessus de son épaule maintenant, pour vérifier que je ne suis pas dans les parages. Hmmm, cette tapisserie a l'air bien bonne.

Je voudrais vraiment me souvenir de ma propre tapisserie, plutôt que la simple déchirure que j'ai faite dedans. Bébé dort dans mon lit d'enfant maintenant, celui que mon père avait fabriqué, il y a plus de quarante ans. Avec une cheville de deux centimètres et une mécanique de glissement assez ingénieuse, pour que le côté du lit puisse être baissé. Je me suis assise à côté, un soir, la nourrissant, et j'ai essayé de me rappeler comment c'était, d'être à l'intérieur : la vue entre les barreaux et la tapisserie déchirée sur le mur.

Quelqu'un au cours des années l'avait peinte en bleu pastel, mais moi, je me souvenais d'un ton vert, je pouvais presque me souvenir de mâcher la barre transversale en haut. Bébé suçait, ses paupières clignant doucement sur un regard ivre, s'abandonnant et pendant que mon attention se baladait, j'ai vu, sous un éclat de la peinture bleue, le même vert que j'avais mangé enfant. Une émotion forte et distante m'a traversée brièvement et a disparu.

Ma mère, ou quelqu'un d'autre, avait retiré le lit du mur et, avec le temps, ma tapisserie oubliée a été remplacée par une tapisserie dont je me souviens (des fleurs bleues, imprimées sur fond blanc). Les bébés aiment tellement les motifs que j'ai commencé à regretter mes efforts de bon goût. Pas une seule moquette pleine de fioritures sur laquelle elle pourrait ramper, pas une seule fleur sur le mur. Même ses jouets sont en couleurs primaires et son mobile vient de la Tate Gallery : des formes découpées, un Mondrian flottant librement. Après avoir renoncé, je crois me souvenir de ma mère qui me gronde à cause du mur déchiré. Elle devait être très énervée pour la tapisserie. C'est peut-être pour ça que je m'en souviens. C'était ma première vraie expérience du "Non !"

Ma propre enfant pense que "Non !" est un jeu. Je le lui dis une fois et elle s'arrête. Je le dis une deuxième fois et elle me regarde. Je le dis trois fois et elle rigole. C'est le mot de la fin, la chute de l'histoire !

Bien qu'il soit de bon goût, elle adore le mobile. Il a un grand cercle rouge qui tourne doucement vers le bleu et un petit carré qui passe du noir au blanc. Il y a plusieurs rectangles qui ne l'intéressent pas plus que ça, mais dans l'ensemble, c'est la chose qu'elle aime le plus au monde.

On a déménagé quand elle avait presque huit mois et il a fallu encore deux semaines avant que je trouve le moment pour lui suspendre à nouveau ce mobile. Une fois que c'était fait, elle a frémi de plaisir. Ça lui a provoqué un spasme. Elle s'est rendu compte, non seulement du fait que le mobile était revenu, mais aussi qu'il avait disparu à un moment donné. Elle s'en est souvenue. Pour ce faire, il lui a fallu trois choses : le mobile dans l'ancien appartement, la nouvelle chambre sans le mobile, la nouvelle chambre avec le mobile. La mémoire n'est pas une chose simple.

Martin dit que son premier souvenir, celui d'un de ses frères cassant une carafe en plastique bleu sur la tête d'un autre, est faux. Sa mère lui dit qu'ils n'ont jamais eu une longue et fine carafe en plastique bleu. Lui pense qu'il a rêvé de la carafe et que le rêve contenait également la notion que c'était son premier souvenir, tout comme il a rêvé plus tard d'un autre premier souvenir de personnes le saluant d'un avion pendant qu'il était dans le jardin. Il a été convaincu pendant des années que c'était vrai. Tout ça me fait penser qu'on est très jeune quand on recherche son premier souvenir. Ce moment unique où nous sommes entrés dans le courant du temps.

Ma propre mère, qui est le dépositaire, la curatrice et la gardienne de bon nombre de choses, dont le souvenir de mon porte-casseroles, s'inquiète de perdre la mémoire : "Le passé lointain se rapproche de plus en plus", dit-elle. Si c'est le cas, le souvenir de sa propre mère devient plus fort maintenant, assise dans une maison au bord de la mer, entourée d'enfants qui sont émerveillés, ou inquiets, ou se concentrant sur des tas de choses.

Quand on y pense, les casseroles n'ont pas pu rester là longtemps. Je les aurais tirées vers moi et renversées. Il y aurait eu du bruit, alors que leur souvenir, dans mon esprit, est complètement et remarquablement muet. Peut-être que ce dont je me souviens est le calme avant le chaos causé par le bruit et les récriminations. Ce moment délicieux qui se déroule lentement, quand un bébé devient, très, très tranquille, sachant qu'il est sur le point d'être découvert.

L'autre matin, Bébé a attrapé (en silence) les jeunes pousses que j'avais plantées à côté de la fenêtre et a rempli sa bouche avec une poignée de plantes persistantes et de compost. J'ai essayé de maintenir sa bouche ouverte pour extraire ce magma. Elle l'a serrée très fort, comme une huître qui se referme. Elle m'a mordu (par accident). Elle s'est mise à pleurer. Pendant qu'elle pleurait, sa bouche s'est ouverte. Elle a été défaite par sa propre détresse et cela m'a paru si injuste que je l'ai laissée faire. Je n'avais pas le cœur à m'y opposer. De toute façon, il était marqué sur le paquet que le compost avait été stérilisé.

Mais elle n'accepte pas que je lui mette mon doigt dans la bouche maintenant, même pour vérifier une dent (elle est très fière de ses dents) et quand elle la serre, et se détourne, elle est en train de dire : “Moi”, haut et fort. “Oh ! a dit une amie, quand elle s'est mise à marcher à quatre pattes, c'est le début de la fin”, et je savais ce qu'elle voulait dire. C'est le début de la fin d'une histoire d'amour entre une femme qui a oublié qui elle est, et un enfant qui ne le sait pas encore.

Jusqu'au jour où adviendra un moment, merveilleux ou banal, ordinaire ou étrange, dont elle se souviendra pour le restant de ses jours.

LES CONSEILS

C'est le milieu de la matinée, matinée ordinaire de déshabillage, d'habillage, de stérilisation, de mélange, de cuillerées, d'essuyage, de piaillements, de sourires, de "Pan ! Vlan ! Boum !", de main tendue vers le couteau à pain, de chutes, d'escalades et d'une crise gérée sur un mode militaire : changer les couches, enlever le body plein de merde, trouver un body propre, éloigner Bébé de l'escalier, la réconforter quand elle réclame l'escalier en pleurant, l'habiller, ramasser le body plein de merde, tremper le body plein de merde, se laver les mains et enfin franchir la porte d'entrée pour s'asseoir sur le siège de la voiture en route pour le supermarché, moi qui chante : "Alouette, gentille Alouette" et qui me rappelle avoir laissé la porte arrière de la maison grande ouverte. Je conduis prudemment. Le soleil brille. Qu'est-ce que je vais lui raconter quand elle sera grande ? Je me demande : "Et si je mourais ? Et si je mourais, maintenant, bientôt, ou même plus tard ?" J'agonise dans un accident de voiture, une chimiothérapie, entre "Je te plumerai la tête" et "Je te plumerai le bec". Avant la quatrième répétition du refrain, elle essaye de s'habiller pour l'école avant de quitter la maison toute seule comme une grande. Son père a disparu de mon psychodrame. Elle fait face au grand méchant monde et il n'y a rien que je puisse faire pour l'aider. Je ne peux pas l'atteindre, je ne peux pas parler. Je devrais lui écrire une lettre, mais qu'est-ce que je pourrais lui dire ?

Stationner, sortir Bébé du siège auto, essayer de trouver les clés, remettre Bébé dans le siège auto, retrouver les clés, fermer la voiture à clé et ainsi de suite, en passant par la pièce de monnaie pour le caddy, poser Bébé par terre. Est-ce une crotte de chien ? Qui aurait pu penser qu'il puisse y avoir autant de merde dans le monde ? Mais je bannis les pensées idiotes. Il n'y a que les grandes questions métaphysiques voltigeant au-dessus de notre charmante petite vie qui comptent. Je dois m'efforcer de vivre entre les deux, penser de manière modérée et ainsi, comme nous voguons le long des allées, je la rattrape par le bras en me baissant une fois de plus pour ramasser un morceau de banane à moitié mâchée, et pas encore payée, qu'elle aime lancer du haut du caddie, je me concentre sur une tâche plus simple : les conseils. Quels conseils peut-on donner à un enfant pour l'armer et le protéger dans le monde ? Je ne pense pas à *Ne parle pas aux inconnus*, mais aux choses que moi seule serais capable de dire. C'est le bonus que chaque mère veut faire valoir à un moment donné pour imprimer sa propre personnalité. En général, avouons-le, avec des résultats désastreux.

Sourire à la caisse, s'excuser pour la banane, chanter : "J'ai cinq pommes dans mon panier" afin qu'elle reste tranquille dans le caddie immobilisé, farfouiller dans ma tête vide et seule une bribe de phrase me vient à l'esprit : *Gare aux gens modestes, ce sont les pires mégalos.*

Pendant le restant de la journée (savonner et frotter le body plein de merde ? Non, jeter à la poubelle le body plein de merde. Ne rien dire à personne), la seule sagesse que je trouve, la seule phrase, c'est : *Gare aux personnes modestes*… Bien sûr que c'est vrai : Einstein, Mère Thérésa, quelques femmes que je connais, beaucoup, beaucoup de bonnes sœurs, de poètes, tous si adorables, tous si monstrueux. Il faut avoir un très grand ego pour lutter contre et le réduire à quelque chose d'aussi petit. Je le sais, j'ai essayé. *Gare au sourire tendre, ma fille, l'amour qui attriste, les yeux froissés*….

Mais ce n'est pas si utile comme conseil, pas aussi utile que ce que je passe ma journée à répéter : "Ne touche pas le four, c'est chaud !" Je pourrais également dire : "Chaud ! Chaud !" ou "Sale ! Sale !", mais je n'en ai pas le courage. Je me concentre sur : "Attention !", ou "doucement !", ou simplement, "Non !" Et ainsi en sera-t-il durant des années encore. Les premiers mille jours de sa vie, le monde entier et remarquable autour d'elle, et tout ce que j'ai à dire pourrait se réduire en une phrase : *Procéder avec précaution.* Et pour les mille jours suivants ? *Ne parle pas aux inconnus*, bien sûr, ce qui est un peu la même chose, d'une certaine manière.

Il y a forcément autre chose. Simplement rien ne me vient à l'esprit. J'ouvre ma bouche et… c'est ma mère qui en jaillit. Bien sûr, évidemment.

Elle prend les conseils très au sérieux, ma mère. Elle continue à les servir à la louche, régulièrement. Elle n'a pas peur de se répéter. Elle a souvent raison, quand, par exemple, elle me dit : "Tu devrais flatter un peu les gens. Tu devrais au moins essayer."

Je n'en ai jamais écouté un mot ; sauf peut-être pour : "Si Joyce avait écouté sa mère, il n'aurait jamais écrit *Ulysse*" (un conseil qui lui a coûté cher, plein de fois depuis), ou bien l'excellent *N'utilise jamais de grand mot là où un petit mot suffit.* Et que dire de : *Souris, on va bientôt être morts* ? A-t-elle vraiment dit ça ? Evidemment qu'elle le nierait maintenant, bien que moi je le trouve délicieusement cynique et assez utile, juste une variation du mantra maternel "Tout passe." Avoir la mauvaise trousse, être obligée de partager un bureau avec Brenda Dunne, perdre le garçon qu'on aime : *Dans cinquante ans, tu risques même d'en rire.* (Mais que ce passe-t-il Maman, quand le temps s'arrête ?)

Ne te moque jamais de la religion de l'autre, ça, c'en est un bon. En fait, ce qu'elle a dit, c'est : *Si quelqu'un vénère une pierre sur la route et tu te moques de lui, il va la ramasser et te frapper avec.* D'accord, très bien.

Je n'ai jamais essayé de discuter jusqu'à ce qu'il soit question des hommes. *N'humilie jamais un homme en public.* Intriguant, celui-ci. Qu'est-ce qu'on était censé faire en privé ? Et puis certains hommes sont facilement humiliés. Ils sont humiliés quand on est intelligente et c'est laborieux d'être stupide. Ils sont humiliés si tu flirtes ou si tu ne flirtes pas. On pourrait passer notre vie à s'occuper de la fierté d'un homme, "Tu n'as aucune excuse si tu te maries avec un salaud", disait-elle, ou quelque chose de la sorte, comme si tomber amoureuse du mauvais homme n'était qu'une façon paresseuse d'agir dans la vie, alors qu'il y en a tant de bien dans le monde. A cette époque-là, un "Homme Bien" était quelqu'un qui apportait sa paie au foyer, qui n'était pas ivrogne et ne vous battait pas. En fait, ça reste sans doute un bon principe de base. C'est peut-être, en effet, quelque chose que je pourrais transmettre à ma fille. Je pourrais le traduire ainsi :

Ne couche jamais avec quelqu'un qui a plus de problèmes que toi, cinquante pour cent des gens oublient de suivre ce conseil, et il est crucial de se situer dans l'autre moitié. Quoi d'autre ?

Ne fait jamais confiance à quelqu'un, au-delà de sa force, car… Oh, ma petite chérie, un million de choses pourraient la blesser ; pas les inconnus, mais les amis, car c'est eux qui nous brisent le cœur. Elle doit s'armer contre les faibles plus que contre les forts…

"Oh arrête de délirer, Maman."

Tout conseil est vain. *Ne porte pas de tissus imprimés à côté de ton visage. Ne plante jamais de camélias face à l'est. Fais l'amour avant de sortir le soir, pas en rentrant à la maison. Les choses qui te font grossir sont la picole et les biscuits, rien d'autre.* Et que dire de : *Gagne de l'argent.* Ma mère me disait de faire ça tout le temps. D'accord. *Gagne de l'argent.* Il faut dépasser l'aversion naturelle qu'on ressent pour le blé. Si tu n'aimes pas le système, trouves-y une faille et va t'y installer. Et la manière la plus simple de gagner des sous, c'est de sortir et les gagner. C'est ce qu'on appelle le (bourgeois) Tao de l'argent.

Je n'ai pas écouté ça non plus.

Et regardez-moi ce bébé, mais regardez-le, avec son grand regard de bébé, ses yeux graves de bébé qui ont un peu de malice malgré tout, en se dandinant vers les sacs en plastique.

Je crie : "Non !" et quand elle pleure, je lui dis : "C'est rien, c'est rien."

Procéder avec précaution.

En fait, la plupart du temps, je ne sais pas à quoi sert le "Non". *Attention à la porte, attention, les livres vont tomber, attention à tes doigts, chaud ! Attention à la tasse, ne touche pas c'est sale !* Au bout d'une journée particulièrement longue, j'ai opté contre. Ça me déprimait, alors je l'ai laissé faire un moment et on a tous retrouvé le sourire.

Les Sioux, me dit Martin, laissent leurs bébés tout apprendre tout seul : tomber dans la rivière, tomber dans le feu, tout. Mais les enfants font assez attention en fait.

Et que me dit-elle ?

"Ozo", dit le bébé, montrant le ciel du doigt. *Regarde l'oiseau, maman*, c'est le conseil que me donne mon bébé. *Regarde l'oiseau !*

DEUX

"J'ai deux", dit-elle, debout sur le pèse-personne de la salle de bains. Et, en effet, le voilà sur le cadran, le joli arrondi du cygne : *2*. Elle aime bien avoir deux ans. Elle a presque trois ans. Son nouveau petit frère n'est que zéro avec des petits bouts collés dessus, n'est même pas encore un vrai chiffre.

"Alors, comment ça se passe ?"

J'ai envie de parler d'elle aux gens, mais je veux *tout* leur raconter d'elle, parce qu'il n'y a rien d'autre. Papoter est le mode maternel. L'instrument propre à la mère est le téléphone. Nous sommes toutes comme dans une blague de mère juive :

"Ma fille sait lire ! Elle a lu son nom sur la carte qu'elle a reçue pour son anniversaire !

– Et les chiffres ?

– Sans problème. Vingt et un ans."

Et je ne veux rien leur raconter sur elle. C'est une enfant. Elle ne doit pas être décrite. On doit la garder fluide et ouverte, pas étiquetée et évaluée. Je pourrais dire qu'elle est ludique, ouverte, têtue, autoritaire, séduisante, grave, étourdie, collante, ravissante mais ce sont des mots qui décrivent chaque enfant de deux ans sur la planète, ils ne représentent pas son essence, la chose qui sera toujours là. Décrire un enfant est une question de prédiction ou de nostalgie. Il n'y a pas de moment présent. On essaye toujours de saisir quelque chose qui change au moment même où on le regarde. Et puis même, tous les enfants sont pareils, en quelque sorte. Et pourtant, je sais qu'elle est différente du lot commun des petits-enfants. Comment le sais-je ? Je le sais. C'est tout. Et si vous pensez que je suis partiale, voici ce que d'autres personnes ont dit sur elle :

"Sans l'ombre d'un doute, c'est une enfant fabuleuse."

Donal Enright, grand-père.

"Je dois dire que je n'ai jamais rencontré un enfant de deux ans plus intéressant ou plus intelligent."

Theo Dombrowski, un ami.

"Elle est très en avance pour deux ans, et je devrais le savoir, je suis psy pédagogue."

Inconnu (peut-être fou) dans le lobby
d'un hôtel à West Cork.

"Oh, toutes ses oies sont des cygnes", disait ma mère à propos des mères vantardes.

Dans le temps, c'est ainsi qu'on désigne les années 1970 en Irlande, une mère critiquait systématiquement son enfant. Je comprends ce réflexe : on ne veut pas qu'un bambin ait le dessus sur nous, surtout quand on essaie de le faire avancer devant un magasin rempli de bonbons. "C'est un vrai petit singe", pourrait dire une mère, ou "Ange de rue, diable de maison", ou mon préféré : "Elle aura ma mort sur la conscience."

Tout ça faisait partie de l'enfance dans un pays où tout compliment était tabou. Nous sommes, bien sûr, plus gentils maintenant. Nous sommes plus sûrs de nous, plus détendus, ce qui n'explique pas l'étrange réflexe que j'ai eu lorsqu'un homme a regardé sa photo : "Quels beaux yeux" a-t-il dit, et j'ai répondu : "Oh, ils sont pas mal", ou quelque chose de pire encore. Il est vrai que je me suis senti extrêmement, vivement, ardemment flattée, mais j'ai aussi profondément ressenti le feulement d'une mère qui sort ses griffes pour dire : *Rends-moi mon bébé.*

Les gens n'écrivent pas beaucoup sur leurs enfants. Parfois ils disent que c'est pour protéger la vie privée de l'enfant, mais je ne suis pas si sûre qu'un enfant de dix ans ait une vie privée à propos, par exemple, d'une photo de lui âgé de deux ans, ni qu'il s'y sente relié. Je crois que la vérité est plus simple. Je crois que les gens n'écrivent pas sur leurs enfants parce qu'ils pensent que s'ils le faisaient, leurs enfants pourraient mourir. Et ça c'est juste le début. Je pense qu'ils ne veulent pas céder la moindre partie de leurs enfants, surtout pas à une foule et certainement pas pour de l'argent.

Donc, ici, tout n'est que bricolage. Et non la vraie petite fille.

"Ton cul pue."

"Va-t'en, va renifler ton cul à toi."

"Je ne peux pas sentir mon cul à moi. Je ne peux pas assez tourner ma tête !"

Déjà elle adore les paradoxes et, en général, ils sont d'ordre anatomique :

"Un requin a un long nez, alors il ne peut pas voir sa bouche."

Ce qui me rappelle qu'il faut absolument que je lui trouve *Alice aux pays des merveilles*, quoique :

"C'est moi, ça, a-t-elle dit, il y a un moment.

— Où ça ?

— Dans la voiture, là.

— Ah ! toi tu es dans cette voiture, là-bas ?

— Oui.

— Où vas-tu ?

— Je vais à ma maison.

— Où est ta maison ? Quelle genre de maison ?

— La porte zaune.

— Ah."

Après un moment, je dis "Et comment t'appelles-tu ?

— Alice", dit-elle.

Ça, ça m'a fait totalement flipper. Elle ne s'appelle pas Alice et nous n'avons pas une porte jaune (ou zaune). Je me suis dit qu'elle vivait une régression vers une vie antérieure, là, dans la voiture. Enfin, pas vraiment. Je voudrais être un peu plus crédule. Puis, plus tard, dans le bain, elle ne parlait que de lapins et de mes-oreilles-moustaches, et je me suis rendu compte qu'elle avait dû entendre ou voir sa toute première *Alice au pays des merveilles*.

Fantastique. Le lapin est tombé dans le trou de la baignoire.

Son père devait être en déplacement si c'était moi qui lui donnais le bain. Ces dialogues particulièrement intrigants surviennent quand sa vie est bousculée d'une manière ou d'une autre.

"Je l'aime", dit-elle, montrant la photo de l'auteur sur le dos d'un de ses livres. Il s'appelle Colin McNaughton, un beau type qui a l'air fort sympathique. Je ne peux qu'admirer son bon goût, bien que le côté écrivain soit un peu déroutant.

Je voudrais lui dire : "Ne tombe jamais sous le charme d'un écrivain. Ne commets jamais, jamais, cette erreur."

Je dis plutôt : "Ah.

— Oui, parce que mon papa est parti."

Ça, ce n'est rien (je me flatte), à côté de l'angoisse qu'elle ressent quand sa mère part. L'histoire de la sorcière au supermarché, l'année dernière à Halloween, est répétée *ad vitam aeternam* : une femme masquée s'est approchée et, je suppose, lui a ricané au visage, alors qu'elle était assise dans le caddie, et lorsqu'elle s'est mise à pleurer, la femme a ôté le masque de sorcière pour montrer qu'en dessous, ce n'était qu'une personne gentille. Quelle conne ! Je crois qu'enlever le masque n'a fait qu'empirer la situation, mais bon, je suppose qu'il est trop tard pour la traîner devant la justice. Plus tard, ce soir-là, elle s'est tenue debout avec son père dans l'obscurité, pour regarder le feu d'artifice municipal depuis une fenêtre à l'étage. Quand je suis rentrée, j'ai trouvé des fusées brûlées dans les plates-bandes.

Cent versions de l'histoire de la sorcière dans le supermarché plus tard, je trouve la clé du mystère. J'étais absente à ce moment-là. S'en souvient-elle ? Oh que oui ! Elle s'en souvient, que j'étais à Paris. Qu'est-ce que je faisais là-bas ? Soudain elle demande si j'avais peur. Est-ce que moi aussi je regardais les feux d'artifice ?

"Oui, je les regardais", dis-je, et une fois que je suis placée dans le décor, quelque part de l'autre côté du feu d'artifice, l'histoire a le droit de s'estomper. Mais elle est toujours obsédée par les sorcières, ce qui est, je présume, de ma faute, les mauvaises fées et les marâtres aussi. Il n'y a pas de femmes gentilles dans les contes. Bien qu'un matin, elle m'annonce avoir fait un rêve, un beau rêve. Ça parlait de quoi ?

"Barbie, dit-elle, prenant l'air faussement timide.

— Ah ? Et qu'est-ce qu'elle faisait Barbie ?

— Elle me lisait un livre."

Chose que je fais souvent, bien sûr. Ma tendance à interpréter l'enfant est tournée en dérision par une vision de moi-même en poupée plastique d'un mètre quatre-vingt de hauteur. Et peut-être que tout n'est pas une histoire de bonne mère, mauvaise mère, peut-être qu'elle essayait juste de décrocher une Barbie et savait combien j'adorerais savoir ce qui se passe dans ses rêves. Elle a deux ans. Elle a, ils en ont tous, peut-être, un esprit délicieux.

Elle a une qualité, parfois, quand elle est très fatiguée. Son regard devient lointain et légèrement extasié. Elle vous regarde d'une manière étrange. Comme si elle était déjà passée par là.

Je suis très enceinte et sous la douche. Nous sommes seules dans la maison et je me dis : "Qu'est-ce qu'il se passerait si je tombais ? Seraitelle capable d'aller chercher le téléphone ?" Je peux tout voir : la femme gravide, coincée dans la baignoire, l'eau jouant sur son ventre insensible, la petite fille abandonnée, l'heure qui tourne. Tout ça traverse mon esprit en un éclair alors qu'elle penche sa tête vers moi, et dit : "Ne tombe pas."

Ou bien je monte l'escalier avec elle dans mes bras. Je me dis que je dois appeler ma mère et elle dit : "Est-ce que mamie a des escaliers ?"

Elles sont si minuscules et inconséquentes, ces coïncidences de l'esprit. Elles m'étonnent toujours, bien qu'elles ne soient pas étonnantes. Après tout, la plupart du temps nous vivions la même vie, et je commence à construire un petit mur contre mon Coucou de Midwich du film *La Ville des damnés**. Certaines de mes pensées sont si inappropriées que je me surprends et me dis : "J'espère qu'elle n'a pas attrapé celle-ci."

Tout ça est très subtil, comprenez bien, rien qu'on ne puisse vraiment saisir. Ça ne concerne jamais un événement dans l'avenir, mais quand elle parle de quelqu'un, il m'arrive de les appeler pour vérifier qu'ils sont toujours en vie. Ils le sont toujours.

Je lui parle de papy et mamie, je lui raconte comment ils se sont rencontrés dans un hôtel au bord de la mer. Elle me dit : "Est-ce que je regardais ?"

Je suis tentée de dire : "Je ne sais pas."

Quoi d'autre ?

Elle est très autoritaire avec le monde. Elle est toujours en train de l'ordonner et parfois il y a très peu de différence entre ordonner et donner des ordres. "Les voitures n'entrent pas dans les maisons. Elles sont trop grandes" ; "Cette voiture (décapotable) n'a pas de couvercle" ; "Les voitures ont des toits et les motos ont des casques."

"Oui", dis-je à tout ça. Je dois dire "Oui", sinon elle le répétera *ad infinitum* : "Oui. Oui, absolument. Oui."

Durant des mois, on a été coincés dans une sorte de rhapsodie beckettienne pendant qu'elle

* A la suite d'un incident, toutes les femmes du village de Midwich mettent au monde des enfants quasi identiques aux capacités intellectuelles hors du commun et capables de télépathie. *(N.d.T.)*

essayait de sécuriser le monde depuis le siège arrière :

“Maman, les voitures n’entrent pas dans les maisons, n’est-ce pas ?

— Non, elles n’y entrent pas, en effet.

— Non, elles n’entrent pas ?

— Non, certainement pas. Elles sont trop grandes.

— Et elles ne vont pas sur le trottoir.

— Non.

— Elles vont sur la route.

— Oui.

— Les gens vont sur le trottoir.

— Oui. Absolument.

— Où c’est parti ?

— Où est-ce que *quoi* est parti ?

— Où c’est la lumière de la rue ?

— C’est derrière nous.

— Mais c’est parti où ?

— On en verra une autre.

— Mais c’est parti où ?

— Oh, ne t’en fais pas.”

Ça se passe sur la même section de route, elle se lamente toujours de la disparition des lampadaires : la façon dont ils continuent à arriver, seulement pour disparaître en un clin d’œil…

C’est par là que j’ai dit une fois : “Je travaillais là-bas avant que tu sois née.

— Quand j’étais bébé.

— Non avant ça, avant que tu sois née.

— Quand j’étais un tout petit, petit bébé ?

— Non, avant même que tu sois là, avant que tu sois dans mon ventre.

— J’étais… Où ?

— Tu n’étais qu’une étincelle dans l’œil de ton père.

— Moi pas étincelle. Moi PAS étincelle !!!" Et elle s'est mise à donner des coups de pieds et à pousser des cris. Je suppose que je paraissais, en effet, un peu suffisante sur le fait qu'elle ait pu ne pas exister à un moment donné. Trop dur, je suppose, à n'importe quel âge, mais particulièrement dur à deux ans.

Son histoire préférée est *La Belle au bois dormant*, mais seulement depuis peu. Les contes de fées sont apparus durant les dernières semaines, à la fin des "deux ans" et au début des "presque trois", car "deux ans", c'est un moment très long. Elle a démarré l'année obsédée par le sexe, le genre masculin ou féminin des individus, puis est passée par une très longue phase W-C, et a terminé avec les sorcières, les princesses et le sommeil. Mais les chiffres également lui procuraient d'énormes plaisirs, comme toutes sortes de répétitions, de rituels et de jeux à faire semblant. Il y avait également l'amusement sans fin qu'on peut obtenir en donnant des ordres à ses parents et en les enquiquinant.

"Pas la tasse bleue avec la paille.

— Je croyais que tu voulais une paille.

— Je veux pas de paille.

— Est-ce que tu veux la tasse bleue ?

— Je veux pas de paille.

— OK.

— Je veux pas de paille !"

Et ainsi de suite, jusqu'aux cris et aux larmes. Evidemment que le dialogue a été rédigé de façon que j'apparaisse comme une sainte, ce que je ne suis pas. ("La tasse va dans la poubelle, d'accord ? La tasse, tu vois cette tasse ? Elle va dans la poubelle !") Des mois de contrition, car je me rends compte que la meilleure chose à faire est de devenir invisible et bienveillante. Si j'arrive simplement à ne pas exister, il n'y a pas d'escalade.

Elle a seulement deux ans.

Bien que, parfois, moi aussi, j'aie deux ans.

Et une fois qu'elle a fait toutes les choses possibles pour provoquer, contrecarrer, geindre, refuser, rechigner, retarder, compliquer et embêter, je me demande comment l'espèce humaine a pu survivre.

"Je vais me balancer avec toi", me suis-je entendue dire un jour, ce qui en irlandais *(I'll swing for you)* veut dire : "Je vais te tuer et assumer les conséquences."

Elle a deux ans. Elle a *seulement* deux ans.

Il n'y a rien de mieux que de la regarder jouer à la marchande.

Quand elle traverse la pièce pour aller *au magasin*, ce n'est pas tant le fait qu'elle marche, qu'elle *marche* avec une exagération de hanches et de talons qui dit : "Me voilà en train de «*marcher*» pour aller au magasin." Elle fredonne le rythme : *Hmm, Hmm, Hmm, Hmm*. Marche. Marche. Marche. Marche.

Tous ses guillemets sont énormes et, même dans des conversations ordinaires, elle utilise parfois une "autre" voix, faussement sage, ou faussement adulte, en employant beaucoup le terme "en fait". Comme dans : "On dirait un canard, en fait." Il y a un endroit sur le mur où elle va chercher des choses comme des brocolis, des bonbons, ou de l'eau. Elle court vers le mur et fait, "Ssszzst" roulant et remuant ses mains d'une manière compliquée, puis elle rentre en courant depuis le mur avec une tasse de thé imaginaire.

"Oh, *merci*."

Son angoisse à propos du bébé qui arrive nous ramène à toutes sortes de jeux de nourriture. "Glou, glou, miam, miam, dit-elle, je mange ton bras." Elle n'aime pas trop quand je le lui mange en retour : "Miam, miam, scrum, scrum miam." Elle court vers son endroit spécial sur le mur et descend des morceaux d'elle-même, qu'elle colle sur son bras et tapote pour les remettre en place. Elle retrouve son vrai bras, dit-elle. Je viens de manger son faux bras.

"Oui", dis-je, pensant, comme il m'arrive souvent, que c'est une enfant merveilleuse à outrance. Parfois, bien sûr, elle est simplement outrancière.

Elle a deux ans.

"Est-ce que je peux avoir deux ans ?" dis-je, et je me tape un faux caprice par terre, juste un petit. Je m'allonge sur le dos et je tambourine avec mes talons. Elle n'aime pas ça du tout.

C'est une année très longue. Quand le mois de novembre arrive, l'enfant que le mois d'octobre nous avait donné me manque, ce paradis où je n'étais que modérément enceinte et où l'apprentissage de la propreté n'avait pas encore commencé. Et j'ai la nostalgie de l'enfant qui, marchant à peine, a regardé l'équipe de *hurling**, de Kilkenny et qui en voyant les rayures en noir et jaune a dit : "Abeilles ! Abeilles !"

C'est la petite fille, qui a été fascinée, hypnotisée par toutes les choses qui volent, qui a suivi à travers le ciel un avion depuis le jardin de sa mamie, sans le quitter des yeux une seule fois ; dont le premier ou second mot était peut-être

* Sport irlandais.

"oiseau", dont le premier grand mot était "hélicoptère", qui sait déjà distinguer un syrphe d'une abeille (mais non pas une abeille d'une guêpe) et un oiseau qui fait cui-cui d'un oiseau qui fait croa-croa. Ça c'est la petite fille à qui le Père Noël a donné un papillon de nuit. Elle a également un penchant pour le cloporte, bien sûr, mais donnez-lui un planeur, un cerf-volant, un nuage, une femme sous un parachute, une fée ou un ballon, et elle les choisirait toujours plutôt qu'une limace, un escargot. Elle est près du sol, ce qui explique pourquoi elle est toujours en train de regarder vers le ciel, mais la raison pour laquelle elle adore les papillons est la même raison pour laquelle elle aime les miroirs, pour laquelle elle aime les mains : c'est qu'un côté est pareil que l'autre et rien ne lui donne plus de joie, je crois, que de plier une feuille de papier sur quelques taches de peinture et d'ouvrir un Rorschach de pur émerveillement. C'est toujours un papillon, parce que c'est la meilleure chose que ça puisse être. Et les autres choses qui se miroitent et correspondent sont des papillons aussi.

"Les fesses, c'est comme un papillon, a-t-elle dit, une fois.

— Oui. Oui !"

Le premier spectacle qu'elle est jamais allée voir était sur des abeilles et, quand les acteurs lui ont donné une paire d'ailes en papier, elle a déclaré au milieu du silence des spectateurs : "Je peux voler."

A propos du Christ sur la croix, elle a dit : "C'est des ailes ?" et j'ai répondu : "Non, chérie, ce sont Ses bras."

“Quand j’étais un petit bébé”, dit-elle, se débattant avec l’idée de grandir, maintenant qu’il y a un autre bébé dans le ventre de maman.

“Quand j’étais un petit bébé, dit-elle (car ces choses-là sont toujours dites deux fois), je disais : na-na-ka.

— Et qu’est-ce que tu dis maintenant ?

— Je dis ananas.”

Cela nous amuse toutes les deux. Nous aimons bien toutes les deux son ancienne personne. Maintenant qu’elle est une grande fille, elle regarde avec tendresse une photo d’elle-même nouveau-né. “Regarde comment il est content ton papa, de te voir”, dis-je. Elle regarde la photo un moment puis va vers lui pour l’embrasser comme il faut et solennellement. Parfois elle possède une clarté émotionnelle sidérante ; je suis époustouflée par sa justesse, sa droiture.

Elle a presque trois ans. Elle apprend, m’a-t-elle dit, à ne pas pleurer pour des choses. Je lui ai dit qu’elle pouvait encore pleurer pour certaines choses, mais elle a fait non de la tête. Non, elle ne pleurera pas et, une fois qu’elle aura trois ans, m’a-t-elle dit, elle n’aura plus peur de la sorcière du supermarché. C’est une affaire grave, que de grandir, une lourde responsabilité.

Le vendredi avant son anniversaire, j’apporte un gâteau (rose !) à la crèche et elle demande : “Je vais avoir un gâteau, même si j’ai encore deux ans ?” et je me rends compte que ni le gâteau, ni les bougies, ni la fête, ni les cadeaux ne lui importent autant que d’*avoir trois ans*. C’est une autre dimension.

UN JOUR SANS FIN

Quand j'étais enfant, je questionnais ma mère sur l'accouchement et combien ça faisait mal et elle me disait : "Tu sais, on oublie."

Je croyais que c'était simplement du tact de sa part. Après tout, j'avais été la source de la douleur, si toutefois on peut appeler cette chose émergente "moi".

"Mais est-ce que ça fait vraiment mal ?

— Oui ! lui arrivait-il de dire éventuellement, mais, vraiment on oublie."

Plus tard, je me suis dit que c'était un truc catholique, un truc sur l'endurance, une astuce pour m'aspirer dans le jeu de la reproduction. Mais il y avait un agacement dans sa voix, une distance. Etait-ce de la peur, de l'outrage ? Etait-ce le son de ma mère mentant ?

"Comment peux-tu oublier ?"

Maintenant je sais que c'était la tension dans la voix de quelqu'un qui essaye d'atteindre le cœur de la vérité, la vérité vraie de quelque chose, le paradoxe central, pourrait-on dire. Et je sais également quelle est cette vérité : On OUBLIE !!!

Alors me voilà à moitié allongée sur la table d'accouchement entièrement réglable – je dis à moitié car la péridurale est en train de se propager, ou pas, d'un côté à l'autre de mon corps, une jambe est toute fourmillante et l'autre un poids mort.

Je suis allongée là, avec un poids énorme dans une de mes fesses, mais pas dans l'autre, comme si j'accouchais par morceaux. Et tout ce que j'arrive à penser, c'est : *Comment est-ce que j'ai pu oublier ? COMMENT est-ce que j'ai PU oublier ça ? ! Comment quiconque le pourrait ?*

Il y a quelque chose d'assez démoralisant dans un second accouchement, on se sent si bête.

"Ce n'est pas merveilleux la nature ?" dit ma mère. Et ce qu'elle veut dire c'est : *Dieu, n'est-il pas merveilleusement malin de nous rendre toutes aussi stupides ?*

Bien sûr que, techniquement, ce n'est pas dans votre fesses que s'enfonce le poids, il ne s'agit pas tant de votre derrière que de votre devant. Alors je devrais dire "Vagin" ou "Canal de naissance". Mais en fait un bébé reconfigure votre corps, il écarte vos reins d'un coup d'épaule, il aplatit votre vessie avec sa tête, écrabouille vos intestins comme un cuistot bougon qui ligote la viande avec une ficelle à saucisses. Un bébé oblige vos hanches à se déboîter. Et il se fout de savoir si elles se re-emboîtent une fois qu'il a terminé. Et où est-ce que tout ça se passe ? "Vagin" est un mot trop petit, en quelque sorte. "Vagin" est juste une indication du chemin qu'il pourrait prendre, "vagin" est juste une *direction*.

Je préfère "Tissu tendre". Un bébé fait son chemin pour sortir de votre corps en prenant la voie la plus tendre disponible. Et pendant un bon moment sur cette table d'accouchement ajustable, j'ai senti que le chemin le plus tendre était une impasse.

On me prie de pousser et je pousse. Je pousse très fort. Je continue à pousser. Et puis je pousse à nouveau. Et pendant un moment considérable, des secondes, des minutes ou plus, je sens que tout ça n'était pas une bonne idée : je le ressens comme une personne qui se noie pourrait se sentir à propos de la vague envie qu'il a eu d'aller nager. Les conséquences sont trop énormes. J'y suis à nouveau acculée. Je suis en train de regarder la chose *à nouveau*, et la violence implacable de la chose me choque tout autant que la première fois. Je me dis : "Comment ai-je pu oublier ça ?" Qu'est-ce qu'on devient amoindrie. Et parfois c'est super et parfois... Doux Jésus

Je ne crois pas que je puisse faire sortir ce bébé.

C'est ainsi que les gens mourraient avant.

Dans ces circonstances, la salle a quelque chose de banal. La porte s'ouvre comme une porte ordinaire. Les gens y passent. D'abord, la stagiaire sage-femme, toute bavarde, puis la sage-femme, rapide et efficace : "Il est pressé ce bébé." Elle met en place la péridurale puis travaille sur moi faisant... je ne sais quoi. J'ai la sensation que quelqu'un essaie d'enlever une ampoule d'un lustre trop étroit. Après elle, l'infirmière en chef, détendue et rassurante. Puis le docteur qui regarde plutôt fixement l'endroit où ça se passe. Réveil. Il est 3 heures du matin. Qui va être le prochain à entrer ? Le maître de l'hôpital, le ministre de la Santé et puis, peut-être, Dieu, lorsque le bébé sortira sa tête pour humer l'air.

Ils s'occupent de moi. Et comme dans la prière pour ceux qui sont perdus en mer, je pense qu'il devrait y avoir au moins un hymne pour les travailleurs de nuit qui œuvrent à travers l'orage de l'accouchement, poussant, hissant, criant, pendant que le reste du monde dort.

"Pousse !"

Je ne peux pas voir en bas. Je suis sûre qu'il y a quelque chose qu'ils ne me disent pas et j'ai froid. Jusqu'à la moelle. Je ne me souviens pas avoir eu aussi froid. C'était comme ça avant ? C'était pire ? Ce bébé est plus gros, peut-être.

Je me souviens de tout cela pendant que ça se passe ; et tout est complètement nouveau.

Le corps n'a aucune imagination. C'est pourquoi on n'emporte jamais de pull avec soi quand il fait beau, au cas où. Le corps n'a aucune mémoire, ce qui explique pourquoi le sexe est toujours une telle surprise. Le corps habite le temps présent. Le corps se moque de vous, à chaque fois.

"Pousse !"

Ils me tournent sur le côté un moment pour sauver mon bassin, mais ça ne marche pas, alors ils me remettent sur le dos, mais je me sens encore un peu tordue et de traviole, comme durant une insomnie, mais magnifiée. Je me sens comme cette image d'*Alice au pays des merveilles*, lorsqu'elle grandit pour remplir la maison – j'ai l'impression de n'avoir aucune emprise sur moi-même et il me semble que le bébé se dirige complètement dans la mauvaise direction.

Ils essayent de faire attention à mon bassin, car il semblerait que le dernier accouchement l'ait laissé quelque peu…distendu. Comme les ligaments se sont détendus avec ce deuxième accouchement, les os ont commencé à se disjoindre, comme un bol qui se fissure lentement. A un moment donné durant le cinquième mois, je me suis assise parterre dans le hall pour attacher le lacet de ma fille et me suis rendue compte que je ne pouvais plus me relever et qu'il allait falloir que je reste comme ça jusqu'à ce que son père rentre. Ce qui pouvait être dans une demi-heure, ou bien quarante minutes, ou peut-être qu'il avait une réunion que j'avais oubliée, et ce pouvait donc être à n'importe quelle heure. En fait c'était juste vingt minutes, vingt minutes assez guillerettes que nous avons passées à chantonner, ou à papoter, jusqu'à ce qu'elle coure d'un bout à l'autre du couloir, enlevant non seulement ses chaussures, mais tous ses habits, y compris sa couche, qui, grâce au ciel, ne contenait que du pipi. C'était très sympa et en fait assez drôle, sauf que moi, je ne pouvais plus marcher.

Le physiothérapeute m'a donné quelques exercices qui m'ont beaucoup aidée et on m'a donné une ceinture de maintien ; le monde s'est séparé, de manière très nette, entre ceux qui sont gentils quand on souffre et ceux qui ne le sont pas. La manière dont ils ne le sont pas et les raisons pour lesquelles ils ne le sont pas est un sujet très intéressant, mais je n'avais pas le temps de le considérer, car je souffrais. J'allais très bien, assise sur une chaise, mais pour marcher, ou monter un escalier, il fallait que je ne fasse plus du tout attention aux autres afin que leur présence devienne vague et distante. La douleur est une dimension muette, vide et légèrement parano, ce qui veut dire qu'on serait parano si on pouvait se le permettre. En attendant, on se débrouille avec un peu d'agacement.

Le corps est un optimiste : il nous dit tout le temps que la douleur s'estompe, que la douleur est presque partie. A ce rythme-là, on pense toujours que ça ira mieux dès demain. De sorte que j'allais toujours presque mieux, et ce n'était pas la peine d'en faire toute une histoire. Je restais assise la plupart du temps et me suis promis qu'une fois que ce serait passé je ne refuserai plus jamais un paracétamol.

Mais il est difficile de contrôler un enfant de deux ans sans quitter sa chaise. Un matin, son père est parti, j'ai égaré ma ceinture de maintien et je n'arrivais ni à amadouer ni à cajoler ou menacer cette petite pour l'habiller. Je descends et pleure de grosses larmes bruyantes, je pleure pendant environ vingt minutes, puis remonte l'escalier pour retrouver une petite fille choquée et légèrement hilare. Nous "recommençons", mais ça ne marche pas cette fois-ci non plus. Je vais pleurer encore un coup et puisque ce n'est pas bien pour elle et que je n'en vois pas la fin, je remonte l'escalier et annonce un changement de programme. Nous préparons le sac, montons dans la voiture, allons jusqu'à la maison de mes parents où il y a, comme vous devez le savoir, une vidéo des Télé Tubbies et nous sonnons à la porte. Ma mère est septuagénaire, alors elle s'est sans doute sentie un peu partagée quand elle a trouvé sa fille quadragénaire, à moitié folle sur le pas de sa porte, accompagnée d'une petite fille survoltée et ravissante. Mais elle nous a pris sous son aile et j'ai dormi trois jours.

Tout ça pour expliquer pourquoi on m'a installée sur le côté, sur la table d'accouchement. Les sages-femmes assurent. Elles demandent : "Avez-vous une ceinture ou un déambulateur ?" Le mot déambulateur me choque profondément. L'une d'entre elles dit que la dernière étude prétend que les problèmes pelviens comme les miens n'existent pas. Plus tard, une autre dit : "Souvent, on les renvoie chez elles avec des béquilles." Alors comment se fait-il que je n'ai jamais entendu parler de ça avant ? Il semble qu'il y ait une différence entre ce que disent les femmes sur elles-mêmes *(J'ai mal)* et la façon dont cela est pris en considération *(Ah, oui. La douleur)*. Mais pourquoi m'énerver quand c'est moi qui nie le plus cette douleur.

Continue à souffrir.

Ah bon, d'accord.

Le corps oublie. Les douleurs de cette grossesse, tout comme les douleurs de la dernière grossesse, m'auront traversée comme de l'eau. Ce dont je me souviendrai toujours, cependant, ce que je ne pourrai oublier, c'est comment les gens semblaient prendre du plaisir à ma souffrance joyeuse, certains d'une manière gentille et certains d'une manière plutôt vicieuse. Dans le temps c'était les femmes, la sage-femme folle qui dit à une femme en couches : "Vous les payez maintenant, vos cinq minutes de plaisir !" (ricanements). Ou la surveillante folle qui n'a pas permis à une copine d'emmener un coussin à la chapelle de l'hôpital après la naissance de son fils. Toutes les bonnes âmes catholiques, hystériques, en train d'agiter leurs couvertures crochetées dans les hospices pour incurables, criant : "Ça vous apprendra !" et "Saleté ! Saleté !" à la jeune Lettonne qui vient pour passer l'aspirateur. Mais les gens qui ont pris du plaisir dans ma douleur en 2003 étaient des hommes, très peu, il faut dire, mais il en suffit d'un pour que la journée soit foutue. L'occasionnelle réprimande alcoolisée ou raillerie sobre pour me dire que j'étais faible maintenant, pour me rappeler qu'enceinte, j'étais une femme au sens abstrait, une explosion, au ralenti, de chair et d'angoisse sexuelle, alors que, pauvre de moi, tout ce que j'essayais de faire était de traverser la pièce.

Une statistique qui circule dit qu'une femme sur six est maltraitée durant la grossesse. Je suppose que ça veut dire "battue".

Ils essaient de nous remettre à notre place dans le monde, peut-être. Ils oublient, tout comme la femme enceinte oublie, que tout ça va passer. La grossesse est quelque chose qui traverse votre corps. Il ne s'agit pas de vous, ni même de la grossesse en tant que telle. C'est simplement un bébé qui, continuellement, lentement, douloureusement, fait son chemin vers le monde.

Le bébé. Le bébé. A cause de tout ce bazar pelvien je n'ai pas eu le temps de tomber amoureuse du bébé. Et il y a quelque chose en moi maintenant qui a peur de mes propres os, qui chuchote : "Tu ne marcheras plus jamais." C'est peut-être pourquoi les poussées ne se passent pas bien :

"Pousse !"

Tout ressemble à une vidéo filmée à la maison dans laquelle certaines prises sont interminables, sans raison, avant de passer à autre chose

"Pousse !"

Je fais péter quelques vaisseaux, apparemment, des tout petits, sous mon menton.

"Pousse !"

Je fais ce qu'on me dit et puis je ne veux plus le faire. Ça n'est pas une question de douleur. Je ne crois pas ressentir de la douleur, ou tout du moins je n'en suis pas sûre. La salle est assez ordinaire, les gens assez normaux et sympathiques, mais je sais quelque chose maintenant, que j'aurais voulu ne jamais savoir. Je sais que le corps est résistant et difficile, et qu'il peut se casser. Je sais qu'une fois qu'il est cassé, il ne vous reste plus rien. Ce n'est pas tant un savoir qu'un endroit où je ne veux plus retourner. Si j'y vais, je vais le reconnaître et savoir que je suis sur le point de mourir, de la manière la plus ordinaire dont meurent les gens. Martin baisse son regard sur moi, juste une seconde. Et on poursuit.

"Mais, est-ce que ça t'a fait mal, maman ? Est ce que ça fait mal ?

— Ah ! dit ma mère, qui a fait tout ça à l'époque d'avant les péridurales,

— Mais ça valait le coup, non ?"

Il est dans le landau à côté de moi maintenant, en train de sucer ses doigts, pendant que j'écris sur lui. Pauvre petit gars, ses yeux ont un air coquin et doux. "Ça n'a rien à avoir avec moi", dit-il. D'accord. Il y a deux jours, il a découvert qu'il pouvait saisir les choses avec ses mains. Et il a passé le reste de la journée à pleurer cherchant à attraper le monde entier : le dessin sur la couette, qu'il ne pouvait pas attraper, les cheveux de sa mère qui pendaient à portée de main, puis étaient partis. Il n'a pas dormi durant onze heures. Tout ce qu'il voyait, maintenant était quelque chose qu'il pourrait toucher et tenir. Elle est passionnante, la vie.

Elle l'est, en effet, quand on est à côté de lui. La chose la plus étonnante est la manière dont l'amour se répète autant que la douleur, on aurait pu penser qu'il ne lui resterait plus de place, et puis, grincement d'une porte, une autre pièce s'ouvre dans votre cœur, énorme, pleine d'intérêt et de lumière. Mon beau garçon. Non vraiment, il est sorti de moi, beau. Je n'ai pas vu son premier souffle, mais je l'ai vu quand on l'a tenu en l'air, un vrai bébé. Déjà grand, gros comme un chérubin et donnant des coups de pied dans l'air.

J'ai un bébé qui est de la taille de Marlon Brando.

"Bonjour !"

Ils le soulèvent bien au-dessus de moi et déjà il me paraît si loin. Un garçon. Je savais que ce serait un garçon (j'en étais sûre). Je tends les bras et il est couché sur mon ventre, qui se relâche incroyablement pour le recevoir. Il n'arrête pas de pleurer, mais il ne pleure pas trop fort. Il prend son propre temps, fait les choses à son rythme. Il se débrouille tout seul. J'ai vraiment l'impression qu'il est son propre maître. Une personne que je ne connais pas encore et ne connaîtrai peut-être jamais. C'est le frisson de la séparation, quelque chose de triste aussi.

Quelqu'un de nouveau.

Puis je le mets au sein. Comme c'est drôle… je ne sais plus comment nourrir ces choses-là.

Et la nuit suivante, comme je n'ai toujours pas retrouvé le coup de main, l'infirmière le saisit rapidement pour produire un rot adulte de quelque part (peut-être qu'elle l'a fait elle-même) et je me dis : "Oh mon Dieu, des gaz. Comment ai-je pu oublier les gaz ?" Et encore, quelques jours plus tard, la même dispute glaciale au sujet du siège de bébé dans la voiture : qu'est-ce qu'on doit faire comme origami avec la ceinture de sécurité ? Devant ou derrière, et face à quelle direction ? Même chose que lorsque sa sœur est née : je me suis tenue debout au bord de la même route, un nouveau-né dans les bras.

Et je sais quelle était cette tension dans la voix de ma mère. C'était de l'émerveillement. Une sorte d'émerveillement consterné. On oublie. Comment notre cerveau peut-il nous décevoir comme ça ? Comment peut-on être amnésique au point de répéter l'expérience *quatre fois de plus*, comme elle l'a fait. Les moments les plus importants et les plus intenses de nos vies, les semaines et les mois inondés par l'émotion d'allaiter, d'accompagner un nouvel arrivé dans le monde, sont effacés, partis, cadenassés dans un coin de notre esprit auquel nous n'avons pas accès. Où est-ce que c'est inscrit ? Dans nos os ? Certainement pas dans la chair, car la chair se régénère, c'est ça le mystère : tout revient (à peu près) à sa place, et les cellules qui contiennent le secret du dernier bébé cèdent la place à des nouvelles qui sont indifférentes et prêtes ; peut-être même légèrement disposées à recommencer.

Lorsque le bébé a un mois (il est magnifique), j'arrive à une décision d'une importance capitale. Je ne peux pas m'en empêcher. Il faut que je le dise. Je devrais bien sûr prendre mon temps. Je devrais attendre un mois, voire plus. Là, je devrais être futée, car je sens que c'est un argument que je dois gagner, mais je finis par lâcher le morceau.

Je dis : "Je pense vraiment qu'on devrait en avoir un autre, vraiment."

Et Martin dit : "Je suis en train de conduire, là !"

SCIENCE

Je me souviens avoir lu une fois que les femmes ont un truc dans leur cerveau. Un truc profond, comme un radar, qui vérifie toutes les quarante-cinq secondes s'il y a des pleurs de bébé ; que vous le sachiez ou pas, que vous ayez un bébé ou non. Et c'est pour ça, disent-ils, que les femmes se lèvent la nuit, pour s'occuper de bébés qui pleurent.

Alors qu'est-ce qui se passe avec moi ?

Je dors, certains soirs en tout cas. Je dors jusqu'à ce que les pleurs deviennent suffisamment forts pour me réveiller, aussi forts qu'une tasse qui se brise par exemple, un peu plus forts que le téléphone qui sonne dans la pièce d'à côté (ce qui ne me réveille pas non plus). Martin se lève et m'amène le bébé, et quand Martin n'est pas là, eh bien on ne peux pas vraiment savoir combien de temps ce pauvre enfant pourrait continuer à pleurer. J'aime le bébé, mais je ne suis pas une vraie femme, du point de vue neurologique, ou bien j'ai un système de neutralisation, ou bien les scientifiques qui ont découvert "Le truc profond maternant au milieu de ton cerveau au milieu de la nuit" racontent des conneries.

Ma vie est jonchée de machins pareils : détritus d'études et de statistiques sur les hommes, les femmes, les bébés, les produits de ménage, les produits neurologiques, les acides gras, et ce que nous sommes vraiment. Pas une seule note en bas de page pour nous indiquer d'où sortent ces données, qui a étudié quoi pour en décider ainsi et daignerait-on leur donner l'heure si jamais ils s'asseyaient à côté de nous dans un pub ? On donne de l'argent à n'importe qui pour étudier n'importe quoi de nos jours : sexologie, science des médias, pourquoi les gens dans le monde occidental sont légèrement irrités les uns envers les autres tout le temps maintenant, pourquoi les hommes gagnent plus d'argent que les femmes.

Voici par exemple une étude qui montre que les hommes comprennent mieux que les femmes l'espace en trois dimensions, et voilà pourquoi ils arrivent mieux à lire les cartes. Les scientifiques ont découvert ça en scannant le cerveau des gens pendant qu'ils jouaient à certains jeux vidéo. Maintenant, peut-être bien que les hommes sont simplement plus forts en jeux vidéo, ou bien peut-être qu'ils ont simplement gaspillé d'avantage de leur vie en jouant aux jeux vidéo, ou peut-être bien que c'est tout simplement vrai. Mais ce que je voudrais savoir, moi, c'est pourquoi, si les hommes sont doués pour l'espace en trois dimensions, pourquoi ils ne retrouvent jamais rien à la maison ?

J'adorerais avoir un IRM de mon cerveau. Voilà votre tête comme un chou-fleur électrique tout allumé avec des contours rouges, oranges et verts. Voilà votre cerveau qui pulse tandis que vous pensez... eh bien, qui sait ce qui se passe là dedans. En tout cas, si vous le savez, ne le dites pas aux scientifiques. Apparemment le cerveau des femmes a une zone beaucoup plus grande pour l'émotion qu'on appelle *tristesse*. Les scientifiques leur ont montré des choses *tristes* et ont regardé leurs cerveaux s'enflammer. Le rapport n'a pas dit qu'elles étaient ces choses tristes.

C'est ça le problème avec la science, elle ne vous dit jamais la chose la plus importante.

Voici quelques faits arbitraires : les hommes qui font plus de travail à la maison "obtiennent", comme ils disent, plus de sexe de la part de leurs femmes. Dans les foyers où les deux partenaires travaillent à plein temps, les femmes font le plus gros du ménage, mais plus le statut professionnel de la femme est élevé, *plus* elle fait de travail à la maison. (Pas de sexe là, alors. Une salle de bains toute propre, des vacances aux Antilles de temps en temps. D'accord, pourquoi pas ?) Les gens qui s'occupent d'enfants sont plus intelligents que ceux qui ne le font pas. (Ça, on le savait déjà.) Le contrôle pulsionnel d'un enfant dépend du temps tête à tête avec sa mère durant les huit premiers mois. (Lisez et pleurez les filles.) Un tiers des garçons qui sont élevés par des pères célibataires en Grande-Bretagne finissent par aller en prison. Cinquante-cinq pour cent des couples irlandais ont besoin des deux salaires pour rembourser leur prêt immobilier. Le nombre de Philippins qui travaillent comme domestiques dans la banlieue sud de Dublin est beaucoup plus élevé qu'on ne le croit.

Quelle chose améliorerait le plus la qualité de votre vie ?

Que mon mari cesse de laisser ses chaussettes roulées en boule se solidifier dans le panier à linge, voilà ce qui améliorerait le plus ma vie. Qu'il m'accorde, à moi et à ma besogne, juste ce respect-là.

Mais bon, il fait la vaisselle, même mon bol de porridge. Même les œufs brouillés.

Chaque couple que l'on rencontre est à un stade avancé de négociation, qu'ils aient des enfants ou non. On pourrait passer des semaines à discuter de qui devrait acheter de nouvelles ampoules. On peut passer sa vie à en discuter, car quand on parle de nouvelles ampoules, on parle de tout : on parle de comment on a été élevé et comment on aime et comment on est valorisé. Chaque ampoule est un triomphe diplomatique. On met des années à en acheter. Le mariage est comme si Churchill et Staline avaient interrompu Yalta pour une petite partie de jambes en l'air : *Oh, bon d'accord, toi tu prendras la Pologne.*

Entre-temps... Je m'assois à mon beau bureau, écrivant à l'ordinateur, tandis que mon beau mari est assis à côté en train de bercer mon beau bébé avec son pied, tout en lisant le journal. Nous sommes les gens les plus chanceux que l'Histoire n'ait jamais faits. Et je pense qu'on va être dévorés par la peste et par le feu, que la mer va monter pour nous noyer, et les bombes nous tomber dessus, et la nourriture pourrir sur notre table. Et pourtant : "Do-do l'enfant-do, do-do." C'est une belle journée, le soleil brille à travers une fenêtre, assez propre, le nouveau bébé est tranquille et très coquet, sa sœur est à la crèche, que nous pouvons payer, tout juste, et personne n'a besoin d'être quoi que ce soit, là, juste maintenant, pour un temps.

Apparemment, les femmes enceintes ne sont pas aussi stupides qu'elles le croient. Une équipe de psy de l'université de Sunderland a trouvé que, même si beaucoup adhéraient à la notion populaire que la grossesse affecte la mémoire et la concentration, une série de tests mentaux ont démontré que leur performance n'était pas pire que celle des femmes qui ne portaient pas d'enfant. Le Dr Ros Crawley, qui a dirigé l'étude, a dit : "Même s'il n'y avait pas de différence entre les deux groupes lors des tests cognitifs, les femmes enceintes avaient une forte impression que leur mémoire et leur concentration étaient pire qu'avant d'être enceinte."

Donc les femmes enceintes sont stupides de croire qu'elles sont stupides alors qu'en fait, elles ne le sont pas du tout.

Un autre test dit que les femmes enceintes perdent dix points de leur test QI. J'étais enceinte quand j'ai lu ça. Je ne sais plus où j'étais, mais j'étais si consternée que je suis allée faire un test QI. Je ne me souviens pas quels étaient les résultats. Je crois qu'ils étaient pas mal. J'ai peut-être perdu la page. Ou peut-être que j'ai tout simplement pas fini ce maudit truc. Je ne me souviens pas de ce qu'il s'est passé après ça. Ah, si, je sais, j'ai eu un bébé.

J'ai lu quelque part que l'on perd trois pour cent du volume de notre cerveau quand on est enceinte. Quand j'ai interrogé mon obstétricienne là-dessus, elle a ri et a dit : "On ne le retrouve jamais. Ha, ha, ha."

Je connais des femmes qui font des choses incroyables quand elles sont enceintes. Ce n'est pas mon cas.

Il faut savoir qu'il existe quelque chose qui est la dépression prénatale, ce qui veut dire la dépression avant, plutôt qu'après l'accouchement. Cette dépression-là frappe durant le premier trimestre de la grossesse quand le taux de progestérone est élevé, et prédispose la mère à la dépression postnatale. Les femmes qui souffrent de tension prémenstruelle, qui ont une réaction dépressive à la pilule, ou qui ont manifesté des troubles d'humeur à la puberté, sont particulièrement vulnérables. Et "10 à 15 % des femmes enceintes font l'expérience de ce qu'on appelle la dépression prénatale, souvent sévère, parfois psychotique".

Ce que je voudrais savoir, moi, c'est comment ils le savent.

Car les symptômes de la grossesse sont souvent les mêmes que ceux de la dépression, surtout durant le premier trimestre, quand on a juste envie de s'affaler sur le canapé. La deuxième fois que j'ai conçu un bébé, je suis allée directement au magasin de canapés. J'ai dit : "Je vais passer cette grossesse sur un *beau canapé.*" Puis paf, ça a frappé avant que je puisse sortir la carte bleue : Quelle est la différence entre le lin et le coton, entre marron et bleu ? Quelle est la différence entre ma vie maintenant et toute autre vie que j'aurais pu mener. Et le cuir ? Oh zut, je crois que je devrais rentrer à la maison et me reposer un bon coup.

Tant pis. L'ocytocine, disent-ils, l'hormone de l'amour, celle qui te déclenche l'accouchement, l'hormone qu'on obtient en allaitant et quand on tombe amoureux et aussi, petit bonus, durant l'orgasme, c'est l'hormone favorite du monde et vous rend également plus intelligent. Ne me demandez pas où est-ce que j'ai lu ça.

Mais je sais où j'ai lu quelque chose sur les rats. C'était sur le site Web de la BBC. Les rats femelles qui ont accouché sont remarquablement plus performantes dans les tests de mémoire que les autres rats femelles. Même les rats nourrices étaient plus fortes que les autres rongeurs. Voilà ce qu'on a envie d'entendre. "La stimulation mentale procurée en s'occupant des nouveau-nés exige davantage des cellules nerveuses et stimule la puissance cérébrale…" Les chercheurs croient que les "riches événements sensoriels" générés en s'occupant des petits, affectent probablement la structure du cerveau ainsi que les hormones. La stimulation de la tétée en particulier réorganise probablement les connections dans un endroit du corps nommé l'hypothalamus.

Alors c'est en partie une question de faire plusieurs choses en même temps (changer les couches tout en parlant au ministre des Affaires étrangères au téléphone), domaine où les femmes étaient toujours censées exceller, tout comme les hommes étaient censés exceller dans la lecture des cartes, et c'est en partie autre chose. La tétée apparemment.

Mon hypothalamus doit être gros comme un œuf à présent. Aussi gros qu'une balle de ping-pong. Mais que fait l'hypothalamus ? J'aimerais qu'ils soient au courant.

Ma mère a élevé des enfants sacrément polyvalents, sachant faire plusieurs choses en même temps, filles et garçons. Moi j'y arrivais pas mal, jusqu'à ce que je fasse des bébés. Durant ces premiers mois, je suis juste dans la moyenne. Le plus que j'arrive à faire est de travailler un peu à mon ordinateur tout en donnant le sein (et encore, en rêvassant et avec des fautes d'orthographe). Sinon, quand je descends la rue à pied, je pense à la rue. Quand je regarde le bébé, je pense au bébé. C'est surtout une réflexion un peu sans mots, une sorte d'océan, où l'on tombe occasionnellement sur des mots comme "Couche" ou "Rot" qui voguent, ballottés. "Ils sont à qui ces sourcils, au fait ?", me dis-je. Et je dis au bébé : "Bonjour !", "Bonjour", comme si on ne s'était pas vus depuis des jours.

Je me demande, assez souvent pourquoi ils ne nous laissent pas tranquilles. Et pourquoi ils ne laissent pas tranquilles les pauvres rats. Je voudrais qu'ils arrêtent de donner à manger aux rats des choses qui donnent à leurs bébés deux queues ou une dépression maniaque ou un mauvais contrôle pulsionnel. Je les appelle la police de la matrice. A qui parlent-ils de toute façon ? Ils devraient être en train de présenter une pétition au gouvernement sur le contrôle des pesticides, car il y a des enfants qui naissent dans les champs de blé sans yeux. Ils devraient manifester juste devant le service des consultations externes des hôpitaux et crier : "ARRÊTEZ D'ÊTRE PAUVRES !" Car c'est la pauvreté qui endommage le fœtus en développement, plus que toute autre chose. Mais non, ils continuent à prêcher aux convertis, et maintenant que nous mangeons toutes nos lentilles "bio" et la bonne dose d'acide folique, ils s'attaquent aux vices des bobos, la tasse de café et l'occasionnel verre de Chardonnay.

Une équipe à l'université de Queens à Belfast a découvert que, en buvant un verre par jour, la réaction fœtale au bruit externe était retardée d'une semaine voire plus. A l'université de Mexico, ils ont nourri des rates enceintes avec deux pour cent, trois pour cent ou cinq pour cent d'un régime liquide alcoolisé durant toute la gestation et ont découvert que "même un taux très bas ou modéré d'alcool consommé durant la grossesse engendre des altérations à long terme de l'élasticité synaptique de l'apprentissage spatial". Moi je ne considère pas qu'être deux pour cent bourrée toute la journée, tous les jours, représente un taux *bas* d'alcool, mais qu'est-ce que j'en sais moi ? Je pense également qu'un verre par jour, tous les jours, c'est très dur quand on est enceinte, même si on habite en l'Irlande du Nord. Mais imaginons qu'ils aient réussi à persuader ces femmes de se pincer le nez et avaler cul sec. Toutefois, ça n'est pas aussi dur que les huit tasses de café par jour qui, selon une étude danoise, augmentent de deux cent pour cent les chances de faire une fausse couche. Huit tasses ? Qui vit comme ça ? Eh bien, plein de gens sans doute. Le monde est plein de petites dépendances et nécessités. Un pour cent des femmes prennent des analgésiques chaque jour que Dieu fait, redoublant ainsi le risque de "respiration difficile" chez leurs enfants. Et si on mange trop de beurre de cacahouète on leur donnera une allergie tellement sévère qu'ils subiront un choc anaphylactique.

Les rates qu'on alimente avec un régime riche en lard sont plus susceptibles d'accoucher de petits qui développent des malaises cardiovasculaires, alors même ces femmes qu'on croise qui gagnent trente kilos pour le bien de l'enfant, se mettant au lit tous les soirs avec un litre d'Häagen-Dazs, *elles*, les personnes les mieux intentionnées, nuisent à leurs enfants plus qu'elles ne le l'imaginent. C'est à se demander : *devrait-on permettre aux femmes de faire des enfants ?* Il doit exister une meilleure façon.

Ou peut-être que ce ne sont pas les scientifiques, peut-être que c'est la faute des femmes qui pensent que c'est entièrement de notre faute. Lorsqu'il s'agit de culpabilité alimentaire, on est joyeusement névrosées. Ce qu'on adore le plus, c'est cette pause entre la fourchette et les lèvres : *Devrais-je ? Ne devrais-je pas ? Oh non ; oh zut, hum....Glou-glou, miam-miam, slurp, beurp !*

Lorsque mon deuxième bébé a semblé *coliqueux*, les conseils des autres femmes sur Internet étaient que, tant que je l'allaiterai, je devrais renoncer au lait, au blé, aux œufs, aux agrumes, à la caféine, au chocolat, aux cacahouètes, aux noix et à une très longue liste de légumes. D'après ce que j'ai pu comprendre, je pouvais manger du riz complet, et peut-être un peu de dinde. Je n'ai jamais trouvé de base scientifique soutenant ces conseils, sauf peut-être au sens le plus large, pour le lait de vache. Pendant ce temps, à sept semaines, le bébé braillait pendant quatre heures par nuit, chaque nuit, à la minute près. J'ai abandonné le lait de vache. (Et donc, aussi, le pain, le chocolat, le café et le thé.) Je me suis nourrie de riz complet et ai tenté un peu de poisson. Le bébé a cessé de pleurer.

Avait-il passé le cap ?

Aujourd'hui, ce dont la classe moyenne se préoccupe le plus, après l'autisme, c'est le contrôle des pulsions, les acides gras, les additifs. Ce n'est plus le rachitisme qui pose problème, mais comment les empêcher de gribouiller sur la jolie tapisserie.

Les femmes enceintes des classes moyennes s'alimentent d'eau filtrée, de saumon sauvage grillé et de trop de glace au chocolat. Et encore, il y a une impression prédominante que malgré tous nos efforts de nous reproduire comme il faut, nous sommes tous en train de FAIRE CE QU'IL NE FAUT PAS ! Et personne ne sait ce que c'est. Tous les bébés sont parfaits. On nous les donne pour qu'on puisse les gâcher de manière infime, mais catastrophique.

Pourquoi n'y a-t-il pas d'étude sur comment le ménage nuit à l'enfant avant de naître ? Mais les scientifiques font rarement des recherches à l'encontre des intérêts de l'industrie. Ils croient aux produits. Prendre des vitamines durant la grossesse, par exemple, est censé diminuer d'un tiers le risque chez votre enfant de contracter le neuroblastome, une sorte de tumeur particulièrement horrible et exceptionnellement rare. Ce qui veut dire qu'on peut prendre ses vitamines, mais l'enfant peut quand même le contracter (fichtre !) L'étude ne dit pas ce que les mères mangeaient d'autre. Elle ne dit pas quel produit pour les W-C elles utilisaient, ni à quelle fréquence. Elle ne dit pas à quelle proximité d'un pylône électrique elles vivaient, ni combien d'entre elles croyaient en Dieu, ni qui a eu la grippe au sixième mois de sa grossesse. Elle ne dit pas comment les enfants se remettaient du divorce de leurs parents alors qu'ils ont développé un cancer, bien que ces études suivront sans doute, car s'il y a une chose qu'un scientifique aime plus que l'industrie, c'est le légume vert, et encore plus que ça, la famille nucléaire. Alors nous autres pauvres imbéciles, avec notre faiblesse pour les chips parfum crevette et nos vies vraiment bordéliques, achetons des multivitamines. Nous sommes attachés à cet acte de consommation, ou devrais-je dire "l'acte d'achat", car personne ne consomme vraiment ces choses-là, on les laisse simplement dans le placard jusqu'à ce qu'elles soient périmées, puis on sort pour en racheter.

Pendant ce temps, un bébé sur cent aux Etats-Unis a été impliqué dans un accident de voiture avant même d'avoir vu le jour. Une femme sur six dans l'est de Londres a subi de la violence domestique durant sa grossesse. Cette étude a montré que "souvent la violence domestique démarre ou s'intensifie durant la grossesse" et qu'"elle est associée à une augmentation des fausses couches, du faible poids de naissance, des naissances prématurées, des blessures fœtales et des morts fœtales". Alors continuez à prendre les vitamines, les filles. Continuez à prendre des vitamines avant tout si vous êtes vous-même une enfant, lorsque vous faites votre premier enfant, car trente et une naissances sur mille en Grande-Bretagne concernent des mères âgées de quinze à dix-neuf ans. Et aux Etats-Unis, cinquante-deux pour mille. Et en Irlande, cinquante-trois pour mille.

Parfois je me dis que les scientifiques et les sociologues sont juste des gros bébés. Ils veulent que les mères soient disponibles toute la journée, tous les jours et seulement pour l'enfant. Ils parlent comme des enfants de huit mois souffrant de l'angoisse de la séparation. Ils parlent comme des bambins atteints de cette douleur non spécifiée, mais universelle que provoque la Mère, parce qu'elle les a quittés pour aller faire des courses, par exemple ; ou les a trahis en faisant un autre enfant ; ou il y a un chien qu'elle caresse de temps en temps ; ou un livre qu'elle veut lire ; ou une émission de télé qui l'intéresse ; ou toute autre chose que notre bébé n'aime pas qu'on fasse.

Je ne sous-estime pas leur anxiété. L'idée qu'une mère puisse être n'importe où, qu'elle puisse regarder d'autres choses, d'autres gens, qu'il y ait d'autres gens dans le monde, conduit à une seule conclusion : que tout le monde doit mourir, y compris la mère, mais surtout le grand Je Suis. Les enfants vivent à cran, c'est pour ça qu'il faut être aussi gentil avec eux, autant que vous le pouvez. Mais en même temps on ne peut pas permettre que ce soient les demandes insatiables du bambin qui dirigent la famille, on ne peut pas permettre que ce soit leur besoin de la mère, impossible à satisfaire, qui dirige la société. Même si les gens qui en pâtissent ont plus de trente ans.

Le Dr Jay Belsky se pointe de temps en temps pour faire peur aux mères qui travaillent partout dans le monde. Il est fort dans le domaine de l'effet nuisible que les enfants *pourraient* subir (c'est lui qui souligne), s'ils sont placés sous une garde non maternelle durant leur première année, ce qui veut dire, si la mère retourne travailler à mi-temps ou à temps partiel.

Nous sommes tous d'accord, il semble, qu'il est à la fois agréable et important pour une mère d'être présente durant la première année d'un bébé, et durant le plus grand nombre d'années possible, autant qu'on peut se le permettre. Personne ne veut qu'on ne soit pas là. Certains pays, comme la Suède, font même le nécessaire pour permettre à la mère de rester à la maison avec son enfant. Ce sur quoi nous ne sommes pas d'accord, ce sur quoi nous ne pouvons pas nous mettre d'accord, c'est si et jusqu'à quel degré de gravité, un enfant en pâtit quand sa mère ne passe pas tout son temps avec lui durant ces douze premiers mois. Nous ne pouvons pas nous mettre d'accord puisque chez nous, nous sommes beaucoup à ne pas pouvoir se permettre de rester à la maison. Nous n'avons pas l'argent. Nous n'avons pas la patience. Mais aussi parce que nous avons l'impression que le débat est exagéré, que la représentation des femmes qu'offrent la sociologie, la psychologie ou les médias, la *société* peut-être, n'est qu'un enfant qui se cramponne à nos jupes. Le besoin que ressent l'enfant est réel, mais d'une certaine manière il n'est pas vrai, car il n'est pas bien fondé. Oui, je pars, mais je reviens dans cinq minutes ou dans cinq heures et tout ira bien pour toi. Il doit y avoir des limites au rôle de mère : non pas au sens spirituel, ni au sens émotionnel, mais entre 16 h 30 et 17 heures le mardi, mettons, il doit y avoir des limites à être mère.

Le débat sur la garde d'enfant est un débat sur le droit de la mère à travailler. S'il y a un risque pour le développement de l'enfant (et c'est loin d'être clair), alors c'est un risque que beaucoup prendraient, l'équilibrant avec la conscience que le bonheur de nos enfants dépend du nôtre. Les enfants ont également besoin de bons gènes, d'un bon père et d'un peu d'argent pour s'épanouir, exceller, être heureux. (Qui, par ailleurs, est vraiment *heureux* ?) Tout ne repose pas sur nos épaules. En gros, tout serait parfait si tout était parfait. En attendant, allez vous faire foutre.

Le Dr Belsky dit que les effets à long terme sur les enfants qui passent plus de vingt heures par semaine en dehors de la présence maternelle "pourraient être associés à une diminution de confiance et de coopération avec les adultes, une augmentation de l'agressivité, et peut-être même de troubles de l'adaptation sociale durant les années préscolaires et les premières années scolaires".

L'étude a utilisé le test de la Situation étrange : l'enfant est placé dans une salle avec sa mère pendant trois minutes, puis arrive un inconnu qui y demeure pendant trois minutes, puis la mère part. Trois minutes plus tard elle revient, réconforte le bébé et le laisse à nouveau avec l'inconnu. Le Dr Belsky a guetté des signes de "lien fragile" entre mère et enfant. Combien de temps avant que le bébé cesse de pleurer quand elle le prend dans ses bras ? Et puis, est-ce que le bébé repousse la mère ?

Selon le test, trente-six pour cent des enfants "gardés" ont montré un "lien fragile" avec leurs mères. C'est un scoop : les femmes qui travaillent endommagent leurs enfants. A la lumière de quoi, il est intéressant de noter que soixante-quatre pour cent des enfants "gardés" n'ont pas montré de lien "fragile", alors, ce que je voudrais savoir, c'est *Qu'est ce qui ne va pas chez les vingt-sept pour cent des mères qui restent à la maison et ne réussissent toujours pas ?*

En fait, je voudrais savoir à quoi ressemblait l'inconnu. Avait-il une barbe ? (Les barbes faisaient hurler ma petite fille bébé.) Etait-ce le Dr Belsky lui-même ? Mais la science, bien sûr, ne nous dit jamais les choses les plus intéressantes.

Je comprends de travers tout le projet scientifique, bien sûr. Les vingt-sept pour cent ne sont en rien révélateurs, les trente-six pour cent sont significatifs, et en arrondissant les chiffres, nous obtenons une once de vérité qu'on peut vérifier systématiquement. Alors c'est un peu rassurant de savoir que même Belsky ne pourrait pas reproduire ses résultats en utilisant un autre test d'attachement dans un environnement familier, et qu'il y a au moins sept autres études américaines qui ne trouvent aucune différence comportementale fondée sur les différences de garde en bas âge. Une étude suédoise rapporte qu'à l'âge de huit ans, les enfants gardés avant d'avoir un an étaient considérés par leur professeur comme plus *indépendants* que les enfants qui allaient à la garderie plus tard ou qui étaient gardés par leurs mères à plein temps. Mais qui parle de ça ?

Il y a des femmes sur Internet qui trimballent leurs bébés tout le temps ; qui ne les posent jamais. C'est une mode. Elles les portent à tout moment et dorment à côté d'eux la nuit. Je ne sais pas combien de temps elles font ça, certainement pendant les douze premiers mois, mais peut-être plus. Je ne sais pas comment elles font pour aller aux toilettes, ou pour prendre une douche. Mais je sais que personne ne va les culpabiliser. Personne ne va les accuser de maternité excessive. Jamais.

En attendant, je souhaite au Dr Belsky qu'il développe des seins, qu'il envoie ses enfants à la fac après avoir passé dix-huit ans à préparer leurs dîners, et qu'il pleure et pleure et pleure encore.

LES BÉBÉS : GUIDE DES REPRODUCTEURS

DIEU

Ça a toujours été un mystère pour moi : pourquoi les églises d'Irlande sont toujours remplies de femmes et pas d'hommes ? Je levais le regard vers le crucifix et me disais que c'était une chose bizarre que les femmes adorent un homme dans une église dirigée par des hommes. Pour moi être catholique c'était bête et être juive signifiait juste plus de vaisselle à faire. Cependant, toutes les religions font ce que la plupart des systèmes politiques n'arrivent pas à faire : elles louent et prient la figure de la mère.

C'est Elle, la machine, la puissance cachée. C'est Elle, l'idéale, la révérée, la véritablement aimée. Ce qui compense en quelque sorte le fait d'être devancée dans la queue aux magasins et d'avoir l'air d'un gros tas.

Et plus encore. Lors de la troisième nuit de la vie de mon enfant, je l'ai regardée dans les yeux et j'ai réalisé que je ne croyais en rien qui pourrait expliquer ça. C'était un moment gênant. Je crois que j'ai vu son âme. J'ai souffert de la conviction qu'une part d'elle était ancienne ; et cette part a choisi d'être avec moi au début de quelque chose de nouveau. J'avais une enfant d'une grande sagesse.

En la sortant de l'hôpital dans le brouhaha de la circulation, la ramenant à la maison en voiture, en seconde, lui donnant le sein au milieu de la nuit et au début de la nuit, et à l'aube (si précieuse), je me suis retrouvée en train de rétrécir face à son avenir vaste et inconnu. Comment allait-elle tourner ? Qu'allait-elle faire ? Quand allait-elle mourir ? Pas avant de nombreuses, nombreuses années, j'espérais, pas avant le plus tard possible. La mécanique du destin, le grincement du train-train de ses jours qui mènerait à une fin ou une autre, sont vite devenus opaques pour moi. Il y avait mille choses qui pouvaient blesser cette enfant, ou même la brouiller avec moi. Que pouvais-je faire ? Rien. De mon mieux.

Ce sont des sentiments que la religion comprend.

J'étais, pensais-je, devenue humaine d'une manière différente et peut-être plus radicale. J'avais laissé quelque chose se glisser dans le courant du temps. Que faire d'autre, si ce n'est faire confiance à la rivière, tout remettre aux mains d'une puissance plus élevée ?

Bon d'accord.

Et qui d'autre que le Christ souffrant pourrait connaître la souffrance qu'apporte la maternité ?

En fait, je résisterai à la tentation, si ça ne vous gêne pas. Je résisterai.

LES POUSSETTES

Toutes les femmes avec des poussettes ont l'air de recevoir des allocs. Derrière une poussette vous avez forcément l'air d'être en route pour le centre d'aide social. Vous avez l'air d'avoir fait ce bébé de manière prolo, égoïste, alors que vous ne pouvez pas vous payer une voiture. Un homme qui pousse une poussette ressemble à quelqu'un que l'économie mondiale aurait laissé à la traîne. Voilà pourquoi les bobos ont adoptés les poussettes à trois roues. Les gens avec les trois roues ont l'air de gens qui escaladent les sentiers de montagnes, tandis qu'en fait, ils se contentent de poser leurs postérieurs postnatals derrière le volant de leurs voitures. Car, même si elle se plie, une trois roues est trop lourde et encombrante pour monter dans un bus. On peut seulement faire entrer une trois roues à l'arrière d'un break Volvo.

En Amérique, pays sans classes sociales, on peut acheter des poussettes au supermarché à moitié prix. Ils les suspendent en rangées, des machins ordinaires en chrome et plastique en vente à moitié prix. Cela parce qu'en Amérique, personne ne marche, tout le monde conduit.

A Dublin, en revanche, on pourrait prendre une poussette à la place d'une voiture, tellement elles sont perfectionnées, rembourrées et amorties, équipées d'un compteur et d'une horloge sur le large guidon où l'on peut poser sa boisson. Elles ont un bout qui s'encastre dans un autre pour s'adapter à toutes les tailles et toutes les circonstances. Elles garantissent toutes de provoquer une crise de nerfs chez les hommes qui rouspètent et les femmes qui marmonnent tandis qu'ils se débattent avec des sangles et des bouts qui cliquettent à la recherche de LA chose sur laquelle il faut appuyer et que personne n'arrive à trouver. (Et en attendant, qui tient le bébé ?)

Dans les magasins pour enfants, je suis atteinte de dyslexie consommatrice. Je n'arrive pas à comprendre ces machines. J'y installerais le bébé à l'envers. Je ne sais pas *comment* vouloir une poussette. Alors on prend quelque chose de simple, noir.

Comment acheter votre première poussette : Vous avez dix-sept minutes, vous êtes en larmes, vous ne pouvez plus sortir, car le bébé pèse une tonne et votre colonne vertébrale est vrillée en point d'interrogation par le sac kangourou que vous pensiez plus approprié pour ces premiers mois. Mais le sac kangourou vous donne l'impression d'être monstrueusement enceinte. (Cette fois-ci à l'extérieur.) Et le bébé a grandi au-delà de votre menton. Alors vous allez à la boutique de poussettes chic et vous vous rendez compte combien les pauvres dépensent pour leurs poussettes. Puis vous allez au magasin ordinaire de poussettes et vous prenez quelque chose d'assorti à votre manteau. Vous y installez votre bébé. La vendeuse dit qu'il ne devrait pas rester assis à cet âge-là ; elle vous en montre une autre qui permet au bébé de s'allonger, mais c'est la taille et le prix d'une petite maison. Et puis ce n'est pas assorti à votre manteau. Vous payez à la caisse et vous dites : “Puis-je sortir avec ?” Vous poussez la poussette. Vous ressentez de l'euphorie.

Comment acheter votre deuxième poussette ? Allez aux soldes. Prenez la trois roues. Concevez un deuxième bébé.

Se promenant au bord de la mer, ma mère prend un virage avec la nouvelle machine et sa glorieuse suspension et elle dit : “Ah, celles-là ressemblent plus à celles d'avant.” Quelle satisfaction et quelle fierté procure un bon landau.

Souvenez-vous, lorsque vous achetez une poussette, que vous allez plier et déplier cette chose quatre fois par jour, avec, coincé sous votre bras, un bébé en train de crier, toujours plein de ressentiment. Il faut pouvoir replier ou déplier ce que vous allez acheter avec un seul pied (sans blague). Il y a également la météo et la circulation avec lesquelles il faut s'accorder, ainsi que les chalands outrés qui pensent qu'on devrait enfermer les mères junkies, et un jeune type qui vous bouscule pour passer, manquant de faire tomber votre bébé, parce qu'il est pressé, que vous prenez trop de place et que le trottoir n'est pas fait pour s'y arrêter.

Comment acheter votre troisième poussette : tout jeter, donner, envoyer dégringoler en bas de la pente qui conduit au canal du coin ; puis aller chercher la chose la plus légère, la plus petite, la moins chère que vous puissiez trouver.

Pour les trois poussettes, souvenez-vous que vous devez pouvoir y accrocher vos courses. Les poignées en mousse, c'est toujours sympa, ainsi que le siège qui peut s'allonger, bien qu'un enfant puisse s'assoupir dans n'importe quelle position, du moment qu'on continue à le faire bouger. Le ballottage ou le monde qui défile les embrouillent jusqu'au sommeil. Le cerveau se débranche tandis qu'ils rêvent de devenir des pilotes de Formule 1, ou autre chose de très rapide et inexplicable. Les poussettes sont la raison pour laquelle les enfants plus âgés se droguent et deviennent des chauffards, mais qu'est-ce qu'on s'en fout ? Un enfant pourrait en fait vivre dans une poussette la plupart du temps. Ils les adorent comme un chevalier peut aimer son cheval. Un enfant peut également pousser sa propre poussette comme une distraction sans fin, réduisant ainsi la nécessité de jouets.

Marchant dans la rue à 10 heures du matin, je croise une connaissance qui dit : "Tu es encore en train de trimballer ce bébé à travers la ville ?"

Peut-être qu'il a dit "coltiner" : "Tu es encore en train de te coltiner ce bébé ?" Il aurait pu dire "traîner". Je regarde le bébé, son visage tendu de bonheur. Elle adore sortir. Elle est folle de la poussette. Je la pousse en avant. J'avance et je passe le reste de la journée à avoir de mauvaises pensées sur la qualité du sperme de ce mec. Construisez-moi une maison, s'il vous plaît, avec un salon en mezzanine et un arroseur sur la pelouse. J'y habiterai avec mon bébé et ne la trimballerai plus jamais nulle part. (Et puis, allez vous faire foutre, je la trimballerai où je veux.)

Il y a des gens qui n'aiment pas les enfants. Il y a des gens qui aiment assez les enfants, c'est juste les mères qu'ils trouvent agaçantes, ou même enrageantes. Surtout si elles poussent des poussettes. "Les mouflets", c'est le terme employé par un certain homme qui se plaignait du danger qu'on représente pour les voitures.

"C'est ça, ai-je crié à une femme, lorsqu'elle quittait son stationnement droit sur son vélo, tuez un enfant, pendant que vous y êtes", car les femmes avec les poussettes, comme on le sait, sont tombées enceintes à un jeune âge imprudent, afin de traîner leur sale marmaille dans la ville, en les utilisant pour mordre les mollets des gens respectables qui font leurs courses. Les femmes avec des poussettes n'aiment pas leurs enfants, elles sont trop occupées à leur donner des gifles à l'arrêt de bus, après les avoir surexcités avec des bonbons bourrés d'additifs. Si vous voulez faire des courses, il faut laisser l'enfant avec la gouvernante.

A la banque, un jeune homme du genre zélé se faufile dans la queue devant moi. C'est une manœuvre habile : un petit slalom. Il est très content de lui. Il me fait un petit sourire comme si moi aussi je devais être contente pour lui, tout est permis en amour et dans les queues à la banque. Moi, qui viens de passer deux heures et demie à essayer de sortir le bébé de la maison et l'emmener en ville et à la banque avant que mon prêt immobilier ne soit interdit et ce après ma quarantième nuit consécutive d'allaitement toutes les trois heures, ne suis pas contente pour lui. Je pense qu'il aurait dû me laisser passer devant lui. Je pense que le bébé risque d'exploser avant qu'on n'arrive en début de queue. Afin d'empêcher le bébé d'exploser, je pousse un petit peu la poussette dans un mouvement de va-et-vient : pousser-tirer. Pousser-tirer. Ce n'est pas facile de faire ça dans les contraintes d'une queue, alors je m'éloigne d'un pas du petit malin devant. Pousser-tirer, pousser-tirer, pousser-tirer. D'abord, je ne le cogne pas réellement avec la poussette. Presque. Je pousse la poussette jusqu'au dos de ses chevilles et je le considère. *Je te souhaite des triplés.* Puis je le frôle un petit peu, juste le tissu de son pantalon, avec le caoutchouc du marchepied. Puis je me paye un petit élan et je touche en effet le dos de sa jambe. Pousser-tirer, pousser-tirer, pousser-tirer. A ce stade, il a l'air plutôt mal à l'aise. Bien sûr que je suis juste en train de calmer mon bébé. Je suis une mère, je n'agresse pas les inconnus avec une poussette contenant un bébé si mignon. Ça doit être une sorte de distraction de ma part. Mais quand la queue avance, moi aussi j'avance. Et je le fais encore un peu. Pousser-tirer, pousser-tirer, pousser-tirer. Le jeune homme zélé regarde droit devant lui. Il ne dit rien. Il a raison.

Ne me cherche pas. Je suis méchante. J'ai une poussette.

SCRUTER (I)

A la maternité il y a un couple de nouveaux parents qui ont l'air d'avoir tout juste survécu à une guerre. La mine grise, éreintés, ils arrivent à faire abstraction des décombres fumants pour parler de manière très petit-bourgeois dans leurs téléphones portables (un chacun). Ils se regardent combinés à l'oreille, et se font des signes au-dessus des conversations. Puis ils raccrochent et disent : "Oh mon Dieu, mon Dieu, untel et untel vont passer ! Eh bien, je ne pouvais pas vraiment les empêcher, n'est-ce pas ?" Ils arrivent à transformer tout ça – le sang, la splendeur, la crudité du choc – en de l'ennui petit-bourgeois.

Après le déjeuner, le nouveau père se penche sur le lit d'enfant en plexiglas de l'hôpital pour regarder son bébé. Il pose son bras sur le bord et s'y penche doucement. Ce faisant, son pantalon se détache de sa chemise pour descendre un peu et dévoiler un décolleté en bas du dos de dimension fantastique. Cette poitrine rayonne, éloquente, sur toute la salle, pendant qu'il scrute son bébé ; pas pendant une heure, pas deux, mais jusqu'au souper. Le rideau est tiré et le rideau s'écarte, et il est toujours là. Ses fesses également. Pendant ce temps la mère et le bébé dorment. Il scrute et il scrute, et continue de scruter et même son derrière sourit.

ACCOUCHEMENT A LA MAISON

Accoucher, c'est comme se faire renverser par une petite voiture, mais à l'intérieur de soi. Bon, maintenant, si on était face à une petite voiture à l'extérieur, on aurait certainement quelques réactions.

Oui, ça aiderait si on se couchait. La *position* qu'on adopte est toujours très importante. Si le fait d'être allongée vous pousse à trop paniquer ou vous donne l'impression d'être trop impuissante, vous pouvez adopter une position assise, jusqu'à la toute dernière minute. Certaines personnes recommandent même de bouger jusqu'à ce que la voiture soit presque sur vous. Ils disent que ça aidera votre corps à supporter le poids, c'est le genre de personnes qui trouvent une force édifiante dans l'expérience d'être renversées par une petite voiture, les mêmes qui recommandent le yoga pour vous aider à vous détendre. Si vous vous entraînez beaucoup, disent-elles, vous ne sentirez peut-être plus du tout la douleur.

Que vous soyez assise, debout, ou en positon de lotus, peu importe votre méthode, il n'y a absolument plus aucun besoin de l'ancienne pratique qui consistait à vous attacher sur la route. C'est vous qui contrôlez tout ça. Vous devez cependant expirer rapidement quand il y a une roue sur votre poitrine ou sur votre ventre, ça, c'est crucial. Et ça aide vraiment.

Il y a ceux qui préféreraient être écrasés par une petite voiture sous anesthésie générale, ils ne veulent pas voir la voiture, disent-ils. Ils ne veulent même pas savoir quelle est sa couleur. Mais vraiment, ce n'est pas une bonne idée de devenir trop molle, une certaine résistance facilite le passage de la voiture sur la bosse. Il vaut mieux opter pour quelque chose entre les deux, presque engourdi, mais encore capable de reprendre des forces. Voilà pourquoi le bon Dieu a inventé la péridurale, bien que si la voiture vient vers vous avec une certaine vitesse, il sera peut-être trop tard pour en demander une. De toute façon, certaines personnes préfèrent être renversées assez rapidement par une petite voiture. Elles aiment s'en débarrasser vite fait bien fait.

N'oubliez pas que l'expérience de se faire renverser par une petite voiture est une expérience rare, et vous aimeriez peut-être la sentir et vous en souvenir pour le reste de votre vie. Certaines personnes choisissent d'être renversées par une voiture chez eux. Ils trouvent cet environnement plus relaxant que la froideur d'un parking d'hôpital. Et vraiment, si on fait tout comme il faut, sans paniquer, il n'y pas de raison de s'inquiéter. Tout le monde a peur que la voiture se coince, ou d'être bloqué sous son poids pendant un certain temps non spécifié. Mais ça c'est des sottises. Votre estomac est conçu pour supporter le poids. Vos amis et votre famille élargie seront là pour vous encourager. Ça va être comme une fête, la meilleure fête que vous n'ayez jamais organisée.

Bien sûr, il y a également, et toujours, la santé de la voiture à considérer. Ça, pour moi, c'est la chose la plus essentielle. C'est la raison principale pour laquelle je ne choisirai jamais de me faire renverser par une petite voiture chez moi.

(Enfin, ça c'est ma version, et je m'y tiens. En secret, et pour des raisons entièrement égoïstes, si je me faisais renverser par une petite voiture, j'aimerais être près d'une salle d'urgences et une caserne de pompiers avec l'équipement pour découper ainsi qu'une grue. J'aimerais également une Mini Métro couleur pastel, s'il vous plaît. Je suis une fille rétro.)

GIGOTER

Les bébés gigotent. Parmi tous les signes, les yeux, l'odeur, le tout petit étirement à la fin d'un bâillement, la taille de leurs doigts et la courbe translucide de leurs oreilles, c'est le gigotement d'un bébé qui fait le plus vibrer mon cœur de mère.

C'est si constant, aléatoire et léger ; ce n'est pas encore un tortillement. Les bébés gigotent comme des marionnettes avec un manipulateur incompétent au bout des fils. Il y a une saccade occasionnelle dans les bras, puis le retour, par des tics, vers un équilibre chaloupé. Il n'y a pas de repos. Les bébés gigotent exactement comme le font les bébés mécaniques à la télévision, c'est pourquoi ces bébés sont si dégoûtants. En fait, toutes les choses qui gigotent nous répugnent, nous font pousser des cris et nous donnent envie de les balancer, si ce ne sont pas des bébés.

NOMMER

Comment nommer un enfant ? Je n'arrivais même pas à nommer mes poupées. Non pas que j'étais une fille du genre poupée, mais j'ai bien eu un grand machin en plastique pour mes quatre ans, qui disait "MAMAN !" quand on le retournait à l'envers. "Comment est-ce que tu vas l'appeler ?" a demandé ma tata, et je me souviens du blanc, une légère panique. Qu'est-ce qu'on appelle ciel, à part "ciel", qu'est-ce qu'on appelle une poupée, à part "poupée" ou à la rigueur, "Poupée" ? La lettre majuscule fait toute la différence, et je crois que je le savais d'une certaine manière. "Comment tu vas l'appeler ?" veut dire : "Comment vas-tu l'appeler à exister ?" Comme s'il y avait un mot quelque part, un seul mot, simple, magique, qui pourrait insuffler la vie au plastique, si seulement vous saviez lequel.

A quatre ans, je ne savais même pas où regarder. Je ne sais pas si les enfants le savent. Ce sont, je soupçonne, les adultes qui décident d'appeler le chiot "Bobbyquatresous". Les enfants sont plus que contents avec "Pif". En l'occurrence, ma tata a choisi "Bella". Pourquoi ? Parce que c'est belle en italien, a-t-elle dit, ce qui n'avait aucun sens pour moi, j'étais irlandaise et la poupée était fabriquée à Taïwan.

En chinois, belle, c'est "Yan", je crois, mais c'est trop tard pour la rebaptiser maintenant qu'elle est assise dans le grenier de mes parents, dans une culotte en tissu à carreau, avec sa voix issue d'une boîte en plastique perforée, détachée de son dos. "Maman ! Maman !" Qui appelait-elle ? Moi ?

Un nom n'est pas seulement une incantation, c'est également une marque. Nous marquons nos enfants comme mignons ou normaux (Cerise, Claire), nous les marquons comme irlandais (Sean), ou comme bourgeois (Marie-Solène). C'est probablement mieux d'opter pour le côté social, plutôt que personnel dans tout ça. L'enfant ne restera peut-être pas mignon, mais il restera irlandais (mais pas *trop* irlandais, ce qui élimine Gobnait).

Et ainsi, on planifie. On tapote nos ventres et on essaie "Bobby" par exemple. On raye tous les noms des personnes qu'on n'aimait pas à l'école, également les ex-copains et ex-copines, collègues désagréables et, en ce qui me concerne, les personnages des livres que j'ai écrits, surtout ceux qui sont bizarres ou malheureux, ce qu'ils sont pour la plupart, il faut bien l'avouer ; les noms étranges sont hors de question. Il semblerait que je veuille tout simplement une enfant heureuse, normale, avec un nom heureux, normal ; avec le temps, elle finira sans doute par me haïr pour la médiocrité de mon ambition. Et juste au moment ou j'ai pigé tout ça, le bébé arrive. Elle n'a pas un air normal, ni même nouveau. Elle a l'air extraordinaire, vieille et sage. Et maintenant je ne peux pas la nommer. Je ne peux même pas la connaître, sans parler de la marquer avec quelque chose d'aussi banal qu'un nom. Elle a une vieille âme. Je regarde son visage béni, les paupières lentes qui se baissent sur les brumes de ses yeux, et, "Yoda !», c'est elle la marionnette ridée de *Star Wars* qui parle à l'envers. Elle est unique. Elle est "La Quetsche", "La Baba", "L'enfant", "Ravissante !" On ne peut pas appeler un enfant "Ravissante", mais dans ces circonstances "Sarah", par exemple est hors de question. Qui pourrait appeler l'enfant "Sarah", quand elle pourrait être vraiment n'importe qui ?

Et ainsi ça commence. "Panpan", "Choubidou", "Poupoune", "Bichounette", "Biche", "Baba", "Babalabalou". La litanie en guimauve qui maintient un temps nos enfants sans sexe, sans étiquette et libres.

Moi, on m'appelait "Drôles de Pieds" parce que mon père me pinçait l'orteil, apparemment, en rentrant du travail. "Bonjour, Drôles de Pieds." (Je suis encore assez contente de mes pieds.) J'étais également "Saucisse", ou genre plus sec : "Saucisson", également "Bulles" et parfois "Panzer". Une fois j'ai demandé à mon père pourquoi il m'appelait "Panzer", y avait-il un rapport avec la fleur : pensée ? A quoi il m'a répondu, pour être poli : "Oui", négligeant de mentionner que c'était également le nom d'un assez gros tank allemand. Je n'étais pas une maigrelette. C'est drôle comment on se souvient toujours des blagues qu'on ne comprend pas, du petit sourire qui flottait quelque part dans l'air autour de ses parents s'il n'était sur leur visage.

Mon propre enfant maintenant est un "Petit Rigolo" et je pourrais l'appeler "Panzer", mais ça c'est ma propre étiquette à moi, et je ne peux pas la partager facilement… Bientôt tous ces noms vont se tasser en trois ou quatre, et je suis curieuse de savoir lesquels. Parce que quelque part en moi se trouve la personne ordinaire qu'on a appelé "Anne", mais aussi, et encore, bulle et le tank. Quelque part en elle, peut-être il y aura toujours le sage enfant Yoda, ainsi que Panpan, ainsi que la solennelle et adorable "Rachel" comme nous avons fini par la nommer, dans l'espoir qu'elle le soit.

ROTS

D'abord on pense que le problème est d'ordre existentiel, le bébé se sent seul, le bébé a peur, le bébé est dans le noir.

"Ce bébé a des gaz !" dit ma mère.

Je lui dis de ne pas être bête, le bébé est trop jeune pour avaler de l'air. Ça c'est un bébé qui a été allaité, comment pourrait-il avoir de l'air ? Pourquoi devrait-il être si mal conçu ?

"Oh, je ne sais pas, moi", répond-elle d'une voix grinçante de résignation. "Ce dernier rot peut être très difficile à décoincer." Elle ne me prend pas le bébé des bras, mais plus tard, l'air de rien, elle le met sur son épaule et provoque un rot sismique. Le bébé crie encore plus fort. Je préférerais qu'elle ne fasse pas ça. Je suis d'accord avec le bébé : je pense que les gaz c'est la faute de ma mère.

Deux ans et demi plus tard, il est 4 heures du matin et le ventre du nouveau bébé est dur comme une planche. Je l'assois sur mon genou et balance son torse d'avant en arrière. On pourrait appeler ça bercer, ou une façon de le consoler, mais j'essaie en fait d'extraire l'air qui est en lui, aussi simplement que si j'avais une clé à molette. J'avais complètement oublié tout ça. Je lui faisais des bisous et des câlins et changeais ses couches comme une idiote jusqu'à la nuit numéro trois, quelques heures avant le lever du soleil, lorsque tout m'est revenu d'un coup. "Ce dernier rot peut être très difficile à décoincer." Après quoi je n'arrivais pas à sortir la maudite phrase de ma tête. Merci maman.

A deux semaines, j'arrive à trouver la bulle d'air avec le bout de mes doigts et la faire sortir, appuyant avec la paume de ma main. A un mois, je l'agite sur mon genou, comme si je voulais faire sortir les bulles d'une bouteille de soda. Et durant tout ce temps il y a l'articulation des hanches : pencher en avant, balancer, la danse du rot. A partir du jour numéro trois, mes deux bébés ont compris la gravité de tout ça, et se sont penché sur ma main, d'une manière solennelle, optimiste.

Rops !

Dans la queue pour son prochain contrôle médical qui a lieu toutes les six semaines, le bébé lâche un gros rot dans une salle pleine de nouveaux parents, déclenchant acclamations et cris de soulagement.

"Oh, bravo !"

"Ah, voilà ce qu'on aime entendre."

"Oooh", dit une femme qui gémit comme si elle avait reçu un coup de poing dans le ventre, tellement le son est doux à ses oreilles. On rit et la nuit tombe sur chacun de nous : les merveilleuses heures que nous avons passées dans les diverses pièces de nos diverses maisons, attendant juste ce son-là.

D'après mon expérience, les tout petits bébés pleurent plus souvent à cause des ballonnements qu'à cause de la faim, ce qui veut dire qu'ils pleurent le plus souvent après avoir mangé qu'avant. Il y a là de riches métaphysiques, mais Freud, malgré tout ce qu'il a pu dire de l'air postorgasmique sur le visage d'un enfant rassasié, reste très peu loquace sur les ballonnements. Etant un génie, il pouvait discourir sur tous nos trous – oraux, anaux, génitaux – mais le rot, pour lui, n'était qu'un vestige : signe de satisfaction tel qu'on pourrait en trouver dans n'importe quel *Biergarten* bavarois. Il n'a jamais vu cet air profond qui s'affiche sur le visage d'un bébé à 4 heures du matin, quand il est à l'écoute de son ventre, pensant à ses entrailles, leur volatilité, combien elles sont super et combien elles sont injustes. Quand on nourrit un enfant, il a l'air heureux, puis méfiant, puis fâché. Après quoi, la panique monte.

Rops !

Oh, bravo !

Ils pleurent toujours plus fort durant quelques secondes, ça doit leur faire sacrément mal, puis ils retrouvent le sourire. Après, quelques petits renvois. Puis, les hoquets (oh bruits bienvenus). Puis le sommeil.

On pourrait écrire un livre sur ce rythme. On pourrait en discuter à longueur de journée. Comment a-t-il pu le rater ? A mon avis, Sigmund n'était pas du genre 4 heures du matin. A mon avis, ce n'est pas un homme sur lequel on a beaucoup régurgité.

LES MAINS

Il n'y a rien de mieux quand on n'arrive pas à se lever, que de rester au lit avec un bébé. Si le bébé s'ennuie, on peut agiter sa main, bien au-dessus de sa tête, puis faire un looping et bip-bip sur son nez. Si vous êtes vraiment fatiguée, soutenez le bras qui fait coucou avec votre autre bras et fermez vos yeux.

Les bébés adorent les mains. Les mains de n'importe qui. Les mains les font rire. Ils pourraient les fixer, leur sourire et jouer avec, toute la journée. Un bébé sait également, assez rapidement, que lui aussi possède des mains, et qu'elles sont le même genre d'objet formidable que celles de sa mère. Leur regard passe de leurs doigts aux vôtres et inversement. Mains !

Moi, je trouve ça vraiment passionnant. Personne d'autre, que je sache.

FILLE / GARÇON

A la maternité avec notre bébé fille, on nous donne notre premier cours sur les changements de couches. Je pose ce qui me paraît être une question clé : “Que fait-on avec la fente ?” Il s'agit, après tout, d'un événement éducatif. L'infirmière est tellement gênée qu'elle fait semblant de ne pas m'entendre. Elle ne toussote même pas. Elle enchaîne rapidement.

Plus tard, j'entends un cri et l'agitation de femmes autour d'une des tables à langer, comme une nuée d'oiseaux excités. Une autre infirmière dit : “Eh bien, on sait maintenant que c'est un vrai mec en tout cas.” (C'est absolument vrai.) Un bébé garçon vient de pisser dans l'air de Dublin dans la première année du XXIe siècle, *anno domini.*

PLEURER

Les bébés pleurent parfois quand ils sont encore endormis. Cela leur donne un avantage injuste sur leurs parents, qui ne peuvent pas les réconforter sans les réveiller. Quoi que, parfois, il est vrai, on peut les nourrir et continuer à rêver en même temps.

Les bébés pleurent pour toutes sortes de raisons. A peu près cinq pour cent du temps les bébés pleurent parce qu'ils viennent de se frapper le visage. Plus tard, ils pleurent parce qu'ils essayent de se frapper le visage et n'arrêtent pas de se rater. Mais en général, c'est des gaz. Et après ça, c'est la faim. Vous seriez étonnés de savoir à quel point un enfant a souvent faim. Vous pouvez en être estomaqué. S'ils sont deux fois plus grands que la semaine dernière, il va de soi qu'ils doivent avoir deux fois plus faim, mais parfois ces choses-là vous arrivent en douce. S'ils sont nourris et qu'on leur a fait faire leur rot, encore et encore, ça doit être les dents. Ou les oreilles. Ou la colique. Ou ils sont juste fatigués. Ou ils ont trop froid. Ou ils ont trop chaud. Ou il y a quelque chose qui les démange. Ou un truc neurologique qu'on n'a pas encore décelé.

On peut toujours essayer de les tenir par les pieds. Ils aiment bien ça, quand ils sont tout neufs.

Les bébés ne font pas *ouin.* Durant les premiers jours, il y a un L au milieu de leur cri, une impuissance de leur langue quand elle claque sur leur palais. *Ella, ella,* très ressemblant à l'hélas.

Hélas ! Hélas ! Ils se lamentent, dans les lits en plexiglas des hôpitaux. *Hélas !*

Ou bien *Hello.* Ou *Allah. Allah.*

Plus tard, le trémolo quitte leur langue et ce L central devient nasal : *haNang. haNang.* Et puis, plus tard, à nouveau, *haNang. haNang. haNang.* Mais jamais, de toute ma vie, je n'ai entendu un *ouin* là-dedans, ou le son du *houou*, sauf de façon générale quand un bébé crie à travers une grimace ouverte, comme un masque grec. Le *ou* est plus un truc de petit enfant, le cri, la bouche grande ouverte quand ils essayent de parler à travers les larmes.

“… ouah. Oueuuh. Zoueuuh.

— Qu'est-ce que tu veux ?

— Zoueuuh… zeuoueux… ze veux une ROSE.”

Les bébés disent *ouin* quand ils sont hystériques, mais ces jours-ci à moins qu'ils aient la colique, on n'est pas vraiment censé les laisser aller aussi loin.

S'ils ont la colique, on a le droit de les poser. Dans des cas extrêmes, on a même le droit de quitter la pièce, mais seulement pour prendre ses propres médicaments. (On n'a pas le droit de médicamenter l'enfant.)

Une bonne astuce pour les pleurs : passer le bébé à quelqu'un qui ne l'aime pas. Ecoutez. Dans ses bras, le bruit n'est plus aussi affreux. Ou alors, c'est encore pire, auquel cas, allez vous promener.

Lorsque vous vous promenez, vous entendrez pleurer votre bébé derrière chaque voiture. Vous lancerez un regard éberlué vers le pub, vous demandant ce que diable fait votre bébé là-dedans, et pourquoi il pleure. Toutes les trois ou cinq minutes, vous imaginerez entendre, sans le moindre doute, le bruit des pleurs de votre bébé.

haNang. haNang. haNang.

Les pleurs réguliers d'un bébé prennent à peu près une seconde pour se dérouler. Inhaler-exhaler. Inhaler-exhaler. *haNang. haNang.* Il y a une part de simple plainte nonchalante : "Je sens mon dîner. Je sens mon dîner", ou, "Ce canard est si jaune. Ce canard est si jaune," *haNang. haNang.* Avec un cycle d'à peu près un pleur par seconde, c'est assez facilement vivable. Je peux en supporter à peu près vingt, certaines personnes peuvent en supporter davantage. Mais encore plus vite et ça devient insupportable. Il faut les prendre dans ses bras. Il y a toujours quelque chose qu'on peut faire, jusqu'à ce qu'il n'y ait plus rien à faire. *haNang. haNang. haNang.*

Le temps, voilà ce qui guérit les pleurs. C'est également ce que les pleurs détruisent. Dix minutes de cris représentent les dix minutes les plus longues qu'on ne puisse jamais subir. Ça représente six cent plaintes individuelles, six cents échecs, six cents refus, six cents démonstrations de votre impuissance face à la douleur des autres.

Laissez vos yeux s'y immerger. Prenez une pause :

haNang. haNang. haNang. haNang. haNang.
haNang. haNang. haNang. haNang. haNang.
haNang. haNang. haNang. haNang. haNang.
haNang. haNang. haNang. haNang. haNang.
haNang. haNang. haNang. haNang. haNang.
haNang. haNang. haNang. haNang. haNang.
haNang. haNang. haNang. haNang. haNang.
haNang. haNang. haNang. haNang. haNang.
haNang. haNang. haNang. haNang. haNang.
haNang. haNang. haNang. haNang. haNang.
haNang. haNang. haNang. haNang. haNang.

haNang. haNang. haNang. haNang. haNang.
haNang. haNang. haNang. haNang. haNang.
haNang. haNang. haNang. haNang. haNang.
haNang. haNang. haNang. haNang. haNang.
haNang. haNang. haNang. haNang. haNang.
haNang. haNang. haNang. haNang. haNang.
haNang. haNang. haNang. haNang. haNang.
haNang. haNang. haNang. haNang. haNang.
haNang. haNang. haNang. haNang. haNang.
haNang. haNang. haNang. haNang. haNang.
haNang. haNang. haNang. haNang. haNang.
haNang. haNang. haNang. haNang. haNang.
haNang. haNang. haNang. haNang. haNang.
haNang. haNang. haNang. haNang. haNang.
haNang. haNang. haNang. haNang. haNang.
haNang. haNang. haNang. haNang. haNang.
haNang. haNang. haNang. haNang. haNang.
haNang. haNang. haNang. haNang. haNang.
haNang. haNang. haNang. haNang. haNang.
haNang. haNang. haNang. haNang. haNang.
haNang. haNang. haNang. haNang. haNang.
haNang. haNang. haNang. haNang. haNang.
haNang. haNang. haNang. haNang. haNang.
haNang. haNang. haNang. haNang. haNang.
haNang. haNang. haNang. haNang. haNang.
haNang. haNang. haNang. haNang. haNang.
haNang. haNang. haNang. haNang. haNang.
haNang. haNang. haNang. haNang. haNang.
haNang. haNang. haNang. haNang. haNang.
haNang. haNang. haNang. haNang. haNang.
haNang. haNang. haNang. haNang. haNang.
haNang. haNang. haNang. haNang. haNang.
haNang. haNang. haNang. haNang. haNang.
haNang. haNang. haNang. haNang. haNang.
haNang. haNang. haNang. haNang. haNang.
haNang. haNang. haNang. haNang. haNang.
haNang. haNang. haNang. haNang. haNang.

haNang. haNang. haNang. haNang. haNang.
haNang. haNang. haNang. haNang. haNang.
haNang. haNang. haNang. haNang. haNang.
haNang. haNang. haNang. haNang. haNang.
haNang. haNang. haNang. haNang. haNang.
haNang. haNang. haNang. haNang. haNang.
haNang. haNang. haNang. haNang. haNang.
haNang. haNang. haNang. haNang. haNang.
haNang. haNang. haNang. haNang. haNang.
haNang. haNang. haNang. haNang. haNang.
haNang. haNang. haNang. haNang. haNang.
haNang. haNang. haNang. haNang. haNang.
haNang. haNang. haNang. haNang. haNang.
haNang. haNang. haNang. haNang. haNang.
haNang. haNang. haNang. haNang. haNang.
haNang. haNang. haNang. haNang. haNang.
haNang. haNang. haNang. haNang. haNang.
haNang. haNang. haNang. haNang. haNang.
haNang. haNang. haNang. haNang. haNang.
haNang. haNang. haNang. haNang. haNang.
haNang. haNang. haNang. haNang. haNang.
haNang. haNang. haNang. haNang. haNang.
haNang. haNang. haNang. haNang. haNang.
haNang. haNang. haNang. haNang. haNang.
haNang. haNang. haNang. haNang. haNang.
haNang. haNang. haNang. haNang. haNang.
haNang. haNang. haNang. haNang. haNang.
haNang. haNang. haNang. haNang. haNang.
haNang. haNang. haNang. haNang. haNang.
haNang. haNang. haNang. haNang. haNang.
haNang. haNang. haNang. haNang. haNang.
haNang. haNang. haNang. haNang. haNang.
haNang. haNang. haNang. haNang. haNang.
haNang. haNang. haNang. haNang. haNang.
haNang. haNang. haNang. haNang. haNang.
haNang. haNang. haNang. haNang. haNang.
haNang. haNang. haNang. haNang. haNang.

haNang. haNang. haNang. haNang. haNang.
haNang. haNang. haNang. haNang. haNang.
haNang. haNang. haNang. haNang. haNang.
haNang. haNang. haNang. haNang. haNang.
haNang. haNang. haNang. haNang. haNang.
haNang. haNang. haNang. haNang. haNang.
haNang. haNang. haNang. haNang. haNang.
haNang. haNang. haNang. haNang. haNang.
haNang. haNang. haNang. haNang. haNang.
haNang. haNang. haNang. haNang. haNang.
haNang. haNang. haNang. haNang. haNang.
haNang. haNang. haNang. haNang. haNang.
haNang. haNang. haNang. haNang. haNang.
haNang. haNang. haNang. haNang. haNang.
haNang. haNang. haNang. haNang. haNang.
haNang. haNang. haNang. haNang. haNang.
haNang. haNang. haNang. haNang. haNang.
haNang. haNang. haNang. haNang. haNang.
haNang. haNang. haNang. haNang. haNang.
haNang. haNang. haNang. haNang. haNang.
haNang. haNang. haNang. haNang. haNang.
haNang. haNang. haNang. haNang. haNang.
haNang. haNang. haNang. haNang. haNang.
haNang. haNang. haNang. haNang. haNang.
haNang. haNang. haNang. haNang. haNang.
haNang. haNang. haNang. haNang. haNang.
haNang. haNang. haNang. haNang. haNang.
haNang. haNang. haNang. haNang. haNang.
haNang. haNang. haNang. haNang. haNang.
haNang. haNang. haNang. haNang. haNang.
haNang. haNang. haNang. haNang. haNang.

Et on est investi dans chaque haNang, comprenez bien. Vous montez et descendez et faites de votre mieux six cents fois. A chaque respiration, votre esprit s'élance avec une compassion et une imploration à peine articulées.

Là là. Là là. Là là. Ça va aller. Ça va aller. Ça va aller. C'est ça, oh, là, c'est ça, c'est ça. Oh ! chuuut, s'il te plaît arrête, oui, arrête, ça suffit, s'il te plaît, etc. Ça va aller. Ça va aller. Ça va aller. Là là. Là là. C'est ça. C'est ça. Arrête, s'il te plaît, chuuut, chuuut, oh, s'il te plaît. Là là. Là là. Là là. Là là. Ça va aller. Ça va aller. Ça va aller. C'est ça, oh, stop s'il te plaît, chuuut, chuuut. Ça va aller. Ça va aller. Ça va aller. Là là. Là là. Là là. Ça va aller. C'est ça, oh, là, c'est ça, c'est ça. Oh ! chuuut, s'il te plaît arrête, oui, arrête, ça suffit, s'il te plaît. Ça va aller. Ça va aller. Ça va aller. Ça va aller. Chut maintenant.

Jusqu'à ce qu'on se mette à parler avec un gémissement rythmé pendant que le corps est ballotté sur l'épaule, rajoutant son propre *uhHung. uhHung. uhHung* sur la monotonie de sa détresse. Après quoi on peut s'élever au *chuuut* lui-même, ce son des plus irritants… Ou bien le chant tombant de *Doh ! doh doh do do. Doh ! doh doh do do. Doh ! doh doh do do.* Ou même une vraie chanson, haletée à toute vitesse, puis qui, lentement, s'approfondit en sa vraie version tragi-lyrique comme dans "Il y a un trou… dans mon seau,… chère Lise,… chère Lise", ce qui devient assez émouvant, en fait, quand on le répète vingt-sept fois. Chaque étage va couvrir les premières cinq minutes, après quoi il reste encore cinq minutes.

Le pire, d'après mon expérience, est le cycle "Fatigue. Faim. Rot". Il a lieu quand on essaye d'assommer le bébé en lui donnant à manger, ce qui finit plutôt par lui donner des gaz. Un bébé fatigué sait ce qu'il veut et il n'aime pas être contrecarré, mais comme la nourriture ressemble beaucoup au sommeil pour le bébé qui en a besoin, on accouche d'un autre renvoi liquide, après quoi il faut à nouveau lui faire faire son rot et ainsi de suite, jusqu'à ce qu'il soit trop en colère pour s'endormir, et on le nourrit encore un peu, jusqu'à... jusqu'à... jusqu'à... Je ne sais pas ce qui se passe à la fin. Il faut bien qu'il s'endorme. Personne n'est encore éveillé à l'âge de vingt ans. Non ?

Je ne sais pas.

C'est comme quand vous êtes en plein dans la période de l'entraînement à la propreté et il y a de la merde égarée, de la merde secrète, de la merde impotente sur une variété de surfaces à l'intérieur de la maison qui n'étaient pas conçues pour la supporter, comme, par exemple, le combiné du téléphone, et les gens disent, quand vous êtes en train de le rejeter violemment loin de vous : "Ne t'inquiète pas, personne n'est jamais allé au collège en couches", et ce qu'on a envie de répondre, en hurlant, c'est : "Tu es sûre ?"

Mais quand même, le temps passe. Le vent se calme, le monde devient moins alarmant, le bébé apprend comment vouloir d'une autre manière, plus simple, pendant que nous on apprend comment subvenir à ses besoins. Et juste au moment où on croit que le pire est passé, le bébé se met à faire les dents, ou il chope une otite, ou il oublie comment s'endormir, ou il commence à se sentir seul, surtout la nuit.

A un moment donné vers la fin de l'année, on essaye tous ce qu'on appelle "les pleurs contrôlés". Cela exige qu'on laisse le bébé pleurer pendant plus de trente secondes à la fois. En fait, on est censé laisser le bébé autant de minutes qu'il a de mois, et puis augmenter, ou réduire. Ça veut surtout dire que les pères attachent les mères à un meuble bien solide, disant : "Ça va, le bébé va bien."

Le bébé ne va manifestement pas bien. Dans ce scénario, pendant que le bébé reste couché là et que les pleurs s'intensifient et se transforment en rage, et vont crescendo jusqu'à la panique brute, et enfin percutent une note aiguë qui pour moi sonne comme de la culpabilité (Qu'ai-je fait pour être si abandonné ?), j'ai une seule question en tête : à ce moment précis, qui déteste qui le plus ? La mère déteste-t-elle plus le père que le père ne déteste le bébé ? Le père déteste-t-il plus la mère que la mère ne déteste le père ? Est-ce que personne ne déteste le bébé ? Qui est-ce que le bébé déteste ? Est-ce que personne ne déteste personne ? Pourquoi est-ce que tout le monde crie maintenant ? Les réponses sur une carte postale s'il vous plaît.

Si c'est la mère qui laisse le bébé hurler disant par exemple : "Quoi que je fasse, ça ne sert à rien", alors le moment est peut-être venu d'emmener cette mère chez le docteur. Ou c'est peut-être juste une phase qui est en train de la traverser. Un truc du mardi qui sera passé d'ici mercredi après-midi.

Rien de tout ça n'est vrai pour le deuxième bébé, en fait. On met le deuxième bébé au lit en le tapotant un petit peu, le deuxième bébé se retourne sur le côté et s'endort. Puis on s'endort. C'est exactement ce que vous craigniez, tout était de votre faute depuis le début.

Mes deux bébés ont été des pleureurs très modérés. J'avais une théorie sur la panique. Je me suis dit que si on les laisse paniquer durant les premiers jours, ça va configurer leur cerveau. J'ai décidé que si on se consacrait, les trois premiers mois au bébé, entièrement, sans chipoter, alors il nous récompenserait en étant facile pour le restant de ses jours.

Evidemment que les gens avec des théories devraient toujours être méprisés. Et au lieu de “mois”, j’aurais dû dire décennies.

Pourquoi supposons-nous que les bébés sont heureux dans l’utérus ? Ils sortent de là, à la recherche de notre visage, alors qui peut dire qu’ils ne souffrent pas de solitude durant toutes ces semaines où il n’y a pas de visage ? Et peut-être que leurs entrailles les taraudent, et peut-être que les os de leurs visages leur font mal à cause des dents naissantes ; peut-être que le fait même de pousser leur fait mal, dans l’utérus, comme ça fait mal dehors, et tous ces glapissements pendant les premières semaines ne sont pas du regret pour un paradis perdu, mais un rattrapage de temps perdu.

ÉVOLUTION

J’ai quelques théories pour les sociologues évolutionnistes, cette bande de babouins intellectuels.

1) Les hommes partaient à la chasse parce que s’ils ne ramenaient pas une antilope morte à la maison, leurs femmes enceintes les auraient dévorés au beau milieu de la nuit : Elle se réveille. Elle souffre d’une faim sans nom. Elle voit un joli morceau de jambe.

2) Pourquoi est-ce qu’on accouche dans la douleur ? Les humains accouchent dans la douleur pour ne pas pouvoir partir en courant tout de suite après.

AUTORITÉ

Lors du check-up de six semaines, la pédiatre l'allonge sur la banquette et s'éloigne d'elle, nonchalante. Cette femme bouge au ralenti. Elle ne laisse rien transparaître. Elle est tellement calme et réservée que je ne sais jamais où elle est, derrière moi dans la salle. Voilà ce qui arrive quand on travaille avec des bébés malades tout le temps. A côté d'elle, on est à bout de nerfs, ça, c'est notre bébé, veuillez nous dire, s'il vous plaît, comment faire comme il faut. S'il vous plaît, ne nous l'enlevez pas, même pas pour une minute, même pas derrière un paravent. J'enlève la grenouillère, une manche après l'autre. Le bébé ne pleure pas. Est-ce bien ? Il devrait peut-être pleurer. Dans le tissu blanc, un poil pubien se promène, il doit venir de notre lit. C'est un poil pubien extrêmement choquant. La pédiatre se penche sur le bébé et bouge chacun de ses membres, puis elle nous invite à le faire sourire. Puis elle dit qu'on a un bébé heureux et en bonne santé. Puis on lui donne quarante-cinq livres. On lui en aurait donné quatre mille cinq cents. On lui aurait donné n'importe quoi.

CACA

Les bébés ont besoin qu'on leur sourie quand on leur donne à manger et également – plus urgemment – quand ça sort par l'autre bout. Voilà ce à quoi on doit se résigner. Souvent, quand une mère chuchote à son bébé, elle lui parle de merde.

"Bon, d'accord, vas-y, alors", dit une femme, pleine d'amour. "Fais un bon gros caca."

On parle d'un ton léger, plein d'adoration. "Tu as un secret dans ta couche ?" roucoule une femme. "Tu as un petit cadeau pour moi ?" On fouine et l'on acquiesce et l'on admire. On les encourage, comme s'ils faisaient quelque chose de délicat, de doux et de difficile, comme de souffler les graines d'un pissenlit.

"Voilà !"

Tout ça est sans doute nécessaire pour la santé mentale de l'enfant. Mais bon, je ne sais pas. Est-ce de là que vient cette terrible pulsion féminine, de cacher les rouleaux de papier toilette avec des petites poupées crochetées ?

ODEUR

Afin de laver la tête du tout petit bébé, il faut l'emballer et le tenir à l'envers, souvent dans le lavabo de la salle de bains, souvent avec quelqu'un d'autre qui dit d'une voix geignarde, de l'autre côté de la porte : "Attention !" En fait, il n'y a aucun intérêt à laver la tête d'un tout petit bébé, sinon l'odeur pleine de nostalgie du cuir chevelu sans savon. Les cheveux des bébés ont une vive odeur d'humanité. Ça fait gémir les gens, faiblement, mais profondément, une sorte de grincement dans leur ventre comme s'ils inhalaient et disaient : "Hmm !"

Les bébés sentent le biscuit, même s'ils n'en mangent pas. Les tout petits bébés ont l'odeur d'un baiser donné dans un champs, également de lait et d'asperges et – c'est comme vous voulez en fait – de crêpe cuite dans votre propre bouche ; de crème pour bébé, d'un rayon de soleil, même au milieu de l'hiver et ainsi de suite. Ils ont l'odeur de toutes les choses perdues, retrouvées maintenant.

Les pieds des bébés sentent, bizarrement, les pieds. Ça commence tôt.

La merde de bébé sent un peu le jambon périmé. Le biscuit aussi. Parfois, s'ils ont le ventre patraque, il y a un effluve d'œuf sur le plat. Un jour, plus tard, on se retourne de la table à langer et on dit : "Doux Jésus, ça sent vraiment la merde."

La cire des oreilles des bébés sent vraiment la cire des oreilles, dès le départ. Elle apparaît discrètement une semaine après leur naissance et c'est à se demander s'il n'y a pas un reste de liquide amniotique là-dedans ; un pli quelque part dans le bébé où une partie de vous-même s'est logée. Mais non, c'est la cire des oreilles. De la vraie. Mon Dieu, tout fonctionne !

Les bébés finissent par sentir comme nous et notre compagnon. C'est ainsi que c'est censé se faire. Ça ne peut pas être autrement. C'est ainsi qu'ils sont faits. Mais je me demande s'ils ne prennent pas juste notre empreinte sur leur peau, ce qui signifie l'empreinte de la dernière personne qui les a pris dans les bras : celle de la mère, celle du père, celle de la baby-sitter, celle de la femme dans la salle d'attente chez le docteur qui demande si elle peut "l'essayer". Certains parents peuvent sentir un inconnu sur leur bébé dès qu'il l'a touché – je parle des parents parfaitement normaux ; ils peuvent sentir le vieux talc, et les femmes qui portent *Obsession*, et la voiture de la baby-sitter avec sa bouteille d'huile essentielle branchée sur l'allume cigare.

Peut-être que les bébés ne sont que du papier buvard. Ils sentent la personne qui s'en est occupé la dernière fois. Ils sentent "Vous".

Qu'est-ce qu'on fait avec les bébés ? On les inhale, nos visages planent au-dessus d'eux et on garde une minuscule et délicieuse distance entre leur peau et la nôtre. On les embrasse, pensivement sur le sommet de leur tête, et on les embrasse de manière ludique dans le doux coussin sous le menton. Toute la journée, on les hume, les renifle de haut en bas. On ne les lèche pas.

TROP D'INFORMATIONS

Oui, c'est possible de donner le sein si on a des implants. En fait, le silicone des implants qu'utilise le chirurgien, le polydimethylsiloxane, a une structure qui est très similaire de celle qui est utilisée dans un remède populaire contre la colique, le siméthicone, qui se lie avec de minuscules bulles d'air dans les boyaux du bébé pour faire de grosses bulles, facilitant ainsi le rot.

Bonus.

LE PARLER BÉBÉ

Ce qu'avant on appelait le parler bébé est maintenant appelé *parentese.* Avant on le désapprouvait comme exceptionnellement bête et dangereux, mais maintenant, si on veut que son enfant devienne un génie, on peut *paler le idababa komsa* pour… Eh bien, ils ne disent pas pour combien de temps. Combien de Temps ? Combien de Temps, oh Seigneur ? Sommes-nous censés *palé o bébé komsa, oui, nous le* SOMMES ! *Pour combien de temps ? Combien de tan-tan ?* Quinze ans peut-être ? Pendant quinze ans, on parle comme ça à nos petits chéris, *mais oui ! On le fait ! Comme* ÇA *!* On dit : *Ne prends pas ces* *vilaines droguettes pas bonnes, ne reste pas trota-tard à la disco-co, faut faire un peu dodo.*

Il y a longtemps, dans une autre vie, j'étais une scribouillarde de presse, à la recherche d'une histoire dans la ville de Dublin. C'était une histoire grave, complexe, une histoire d'escroquerie, de corruption, d'injustice. On était en train de conduire, de ruminer, quand ma camarade, ma coscribouillarde, a dit : *Oh ! regarde le bus VERT !*, me prenant pour son bébé. Que faire ? Rien. On a jeté nos mégots par la fenêtre et appuyé sur l'accélérateur. Ce n'était pas de sa faute. Les enfants sont en fait une sorte de lavage de cerveau. Ils sont un culte, un culte parfaitement légal. Quand on adhère à un culte, on est sous-alimenté, on est privé de sommeil, on est obligé de faire des tâches répétitives qui ne servent à rien à n'importe quelle heure du jour et de la nuit puis on scrute les yeux du gourou despotique, répétant des phrases sans aucun sens, ou des mantras comme : "Oouu qu'elle est mignonne ! Oh oui ! t'es mignonne !" Les membres du culte comme les parents débitent des inepties avec un air heureux et un regard vide. Ils savent qu'ils sont plutôt fous, mais ils n'y peuvent rien. Ils appellent tout ça l'amour.

Ou est-ce juste les mères ? Vous voyez cet homme qui marche dans la rue. C'est un Homme nouveau. Il a son enfant dans un sac kangourou. Chaque femme qu'il croise lui fait un sourire. Chaque femme qu'il croise veut l'avoir lui et son bébé, maintenant, le pack, pas d'ennuis, pas de neuf mois. Parle-t-il à l'enfant ? Fait-il des *areuh, areuh* ? Certainement pas, il a une image à préserver. Il parlera dans son téléphone portable dans la rue, il parlera même à un téléphone main libre qui donne l'impression qu'il parle dans le vide, mais il attendra d'avoir passé la porte, que la porte soit bien fermée, que la porte soit fermée à clé, avant de faire le guili-guili avec son beau bébé à baba, oh que oui-oui-oui.

Je connais un type qui dit que les enfants ne comprennent pas le sarcasme avant l'âge de huit ans. Alors il fait : "Oh tu es si merveilleux !", d'une voix à deux doigts de l'horrible. Mais peut-être que le parler bébé est, par nature, horrible, complètement faux.

Ils ont étudié le parler bébé, l'ont décortiqué et appelé le *parentese*. Apparemment c'est juste une question de sonorité de voyelles. Les trois voyelles, Ah, Euh, Oh, sont comme les couleurs primaires de la parole – tout autre son de voyelle est un mélange de ces trois basiques, et c'est celles-là qu'on rallonge quand on parle à nos bébés. La répétition, l'une des principales composantes du *parentese*, permet au bébé de mieux zentendre les voyelles avec ses doudouces zoreilles. Les consonnes, en attendant, deviennent plus douces et plus épaisses. On perd le L et transformons le CL en C. Je ne sais pas pourquoi. Je devrais, je suppose, aller consulter mon Chomskiki, ou un autre expépert, mais j'ai peur qu'ils me disent que les voyelles longues, c'est très bien, mais que je suis une Mauvaise Mère, pour avoir tordu les consonnes ou, pis encore, pour avoir remplacé les pronoms avec des no-noms bébêtes.

Mais évidemment qu'un autre expert va dire que les no-noms bébêtes sont absolument essentiels pour le développement, et que tous ces vieux grigous qui détestent le son du parler bébé sont juste… gênés. Comme c'est le cas pour certaines personnes, gênées par la joie. Exclues. Jalouses.

En fait, la meilleure chose sur le parler bébé c'est la façon dont les gens s'en servent pour parler des autres personnes dans la pièce. Ils disent : "C'est ta maman qui t'a posé sur ce vieux tapipis caca." Ils disent : "C'est qui ce grand méchant bonhomme au cucul serré, il n'aime pas comment on paparle. Qu'est-ce qu'il est bébête !"

LA TASSE QUI TUE

Je suis enceinte de huit mois et demi et dans un taxi. Le chauffeur est une femme. Elle n'est pas très bavarde, mais soudain, dans un grand élan, elle me raconte comment une tasse de thé a tué un bébé. Elle doit absolument me prévenir. C'est la mère qui l'a renversée, apparemment.

"Elle n'était même pas chaude."

Ma propre mère sait combien d'enfants ont été tués dans des accidents aberrants, certains aussi récemment qu'en 1953. A chaque fois qu'elle se met à m'en raconter un, je lui raconte celui de la mamie qui a descendu le landau du trottoir, en vacances, sans se rendre compte que l'on conduit de l'autre côté de la route en France. Et puis de toute façon ça ne s'est pas passé plus tard qu'en 1998.

Je plaisante.

On a tous une tragédie de bébé à raconter. Moi j'aime bien celle d'une toute petite fille qui a quitté le lit de sa mère au beau milieu de l'hiver au Canada et s'est endormie dans la neige, vêtue seulement d'une couche. Elle a été ressuscitée quelques heures plus tard, selon les infos, en tout cas, sans grand dommage cérébral. C'était une sorte de cryogénie, apparemment. Ça ne marche que si on est petit. La mère, qui a ainsi contribué à la science, était "trop sous le choc pour commenter".

Martin se souvient de l'homme dont la femme l'a appelé depuis la maternelle, pour demander où l'enfant avait passé la journée. L'homme a bondi de son bureau et couru en bas dans le parking, où il a trouvé le bébé encore sur le siège arrière de la voiture. Malheureusement le bébé était mort de déshydratation. Cette histoire était dans les journaux.

Il n'y a pas pire piège que la voiture. Les enfants jouent avec le briquet et finissent par incinérer toute la boîte en fer. Les gens sont toujours en train de les voler ces machins, sans vérifier s'il n'y a pas de bébé derrière. C'est parce que les parents laissent les clés sur le contact pour maintenir le chauffage ou la clim, pendant qu'ils vont vite faire un petit tour aux magasins par exemple. A Dublin, il y a deux semaines un toxico a été envoyé en prison pour avoir volé une voiture qui contenait deux petits enfants et un bébé. Il a laissé les enfants descendre de la voiture dans un parking d'hôpital et quand une femme est venue voir pourquoi ils pleuraient, il leur a ordonné de remonter. Puis il est reparti avec.

Ça veut dire que, soit il faut enlever les clés de la voiture quand on va payer à la station essence, soit il faut sortir un, deux ou trois enfants de l'arrière de la voiture pour les emmener à l'intérieur du magasin, qu'ils dorment ou non. Ou bien on peut juste lancer son argent devant la porte du magasin, et s'en aller.

Maintenant, les gens peuvent trouver fou que les parents ne puissent se permettre de laisser leur enfant à l'arrière de la voiture pour aller payer l'essence. Ce qu'ils ne réalisent pas, c'est que, peu importe combien l'accident est insolite, il peut arriver à *votre* enfant, là, maintenant. Il y a tout un genre littéraire américain qui est entièrement fondé sur ce fait.

Avant je croyais que les gens étaient plus détendus dans le tiers-monde où, mis à part ne pas mourir de faim, ils ont moins de choses à gérer. Mais cette idée a été démentie par un ami qui est rentré d'un village philippin, en disant que le pays était bondé d'hypocondriaques agités, enclins à l'impatience et à la panique, exactement comme partout ailleurs. En fait, a-t-il dit, être pauvre vous rend encore plus stressé et certes plus craintif pour vos enfants, même s'ils ont, pour ainsi dire, plus d'enfants avec qui jouer.

Je trouve ça terrifiant. L'idée que si on a neuf enfants on se retrouve neuf fois plus inquiets, ça ne peut pas être possible. On doit exploser. On fait sûrement plus d'enfants en partie pour calmer les angoisses au sujet du premier. Il faudrait être neuf fois moins inquiet pour chaque enfant individuellement. (Ah, mais si on mourrait tous dans le même accident de train ?) La triste vérité semble être qu'on ne peut pas faire ce calcul. La famille n'est pas un seau qu'on peut remplir jusqu'à un certain point et puis le trimballer sans éclabousser. Ou un truc comme ça.

En fait, je soupçonne qu'il n'y a pas de métaphore pour décrire la famille, ce que c'est, comment ça marche. La famille est l'origine de la métaphore, pas son but. Mais peu importe la façon dont on échoue à décrire une famille, il n'y a pas de doute sur le fait que les parents sont (délicieusement) handicapés par elle. C'est pourquoi il faut faire la part des choses : nous ne sommes pas des humains qui peuvent se balader et faire ce que bon leur semble. Nous sommes des humains auxquels sont attachés d'étranges et parfois gros morceaux de chair et chaque morceau a ses propres désirs. On devrait traiter les parents avec toute la considération qu'on leur doit. Il devrait y avoir quelqu'un à la station essence pour prendre leur argent. Il devrait y avoir un supermarché sans bonbons. Il devrait y avoir des poules avec des dents pour nous mâcher le travail. Gratuitement.

J'en étais où ?

Maintenant que j'ai deux enfants, je suis particulièrement attirée par l'histoire du tout petit enfant qui a mis son petit frère ou sa sœur dans le séchoir à linge, parce que sa couche était mouillée. La mère était en haut en train de dormir à ce moment-là. Le bébé est mort

Je peux goûter ce sommeil, je peux y sombrer. Je peux imaginer combien elle était fatiguée, combien c'était délicieux de fermer les yeux, pour cette femme qui ne dormira plus jamais.

LE BISOU

Je ne suis pas en train d'embrasser mon bébé, je suis juste en train de vérifier sa température.

COMMENT PANIQUER

Le bébé entre en trottinant avec un flacon de paracétamol pour enfant ouvert dans sa main tendue pour que je puisse voir. C'est le matin. Son père a changé sa couche avant de partir au travail et je suis encore allongée là comme une bûche, alors je le mérite. C'est de ma faute, ça.

“Donne la bouteille à maman.”

Elle m'a l'air assez pleine. Il y en a peut-être un quart qui est parti. A dix-huit mois, ses dents poussent et elle a de la température, alors elle en a bu deux, peut-être trois cuillerées. Je regarde l'étiquette. Je tiens la bouteille à la lumière. Il ne peut pas en manquer plus de 25 ml. Ce qui veut dire qu'elle n'a pas pu en prendre plus que 5 ml et ça, ça va, non ?

C'est à ce moment-là que mon cerveau se déconnecte.

Mes pensées sont, pour la plupart, banales et, perversement, sociales (Qu'est ce que les voisins vont dire si son foie cesse de fonctionner ?) mais elles ne sont pas sensées. Je peux entendre l'histoire dans ma tête : *Quelqu'un a dû oublier de remettre le bouchon. Le flacon était encore à côté du petit lit.* Je suis debout à côté de la fenêtre fixant la bouteille et m'adressant la parole, sévère mais gentille, comme on s'adresserait à un enfant. Je me dis qu'il n'y a pas de danger, pas besoin de paniquer. Puis je me dis que c'est exactement le genre de situation où l'on est censé paniquer, même s'il n'y a pas de danger, il faut quand même paniquer, tu es une Mère maintenant, ces substances sont dangereuses, il ne faut pas avoir peur de demander de l'aide. IL FAUT PANIQUER.

Je téléphone à ma sœur, en partie parce qu'elle est médecin, mais surtout parce que c'est la seule personne à Dublin qui répondra à son portable. Le portable de ma sœur sauve des vies. Malheureusement, elle est en train de sauver la vie de quelqu'un quand j'appelle, alors elle me dit que 25 ml lui paraît OK, mais elle ne connaît pas le dosage en fonction du poids (ou autre chose) du paracétamol pour enfant et elle me dit d'appeler le numéro du centre antipoison. Elle dit qu'elle ne connaît pas le numéro, puis elle me donne un numéro quand même, que j'appelle. Une femme répond à qui je dis : "Ma fille a pris du paracétamol, tout du moins, je crois qu'elle a peut-être pris du paracétamol, celui qui est pour les enfants, Calpol, elle a un an et demi, elle pèse treize kilos, elle a pris au maximum 20 ou 25 ml, mais je n'en suis pas vraiment sûre." Je suis très précise, ne donnant que les informations qui pourraient être utiles d'un point de vue médical. Je ne comprends pas pourquoi la femme à l'autre bout du fil commence à rigoler. Je commence à bafouiller quand elle dit : "Je ne suis que le standard." Je lui demande : "Pouvez-vous me passer quelqu'un du service antipoison ?" et elle répond : "Non ! Non, je ne peux pas !" Elle est toujours en train de rire. Elle trouve ça hilarant. Je raccroche.

Pendant tout ce temps-là, l'enfant me regarde avec un intérêt tranquille et, en effet, elle a l'air d'aller très bien. Je ne suis pas tant inquiète pour elle que pour ce fantôme, la fille qui, par un accident tragique, par négligence, par le fait que sa mère dorme tard, est déjà dans un état avancé d'insuffisance hépatique. (Et tout ça n'a pas d'importance non plus, vous savez : dormir tard, les détails et les coïncidences, toute l'histoire et à qui est la faute. Si l'enfant était blessé, si quoique soit arrivait à l'enfant, aucune cause ne pourrait justifier cette énormité insupportable.)

J'installe le bébé dans la voiture, sans son petit déjeuner et nous partons pour la clinique. La réceptionniste entre dans le cabinet du docteur tenant la bouteille de paracétamol en haut dans l'air devant elle, comme si c'était un flacon d'urine. Puis elle sort de la salle du docteur et me le rend. Le docteur a dit quelque chose d'ironique ou de dédaigneux. La réceptionniste essaye de contenir son amusement, assez gentiment et elle me dit de repartir maintenant, puisque tout va bien.

Le problème est que je savais que tout allait bien depuis le début. Ma sœur me rappelle plus tard et je lui raconte la femme qui m'a ri au nez au téléphone. Elle me dit que le numéro qu'elle m'a donné était le numéro des renseignements. Elle aussi me rit presque au nez, mais elle ne le fait pas. On sait tous ce que c'est que d'être bête, on sait tous ce que c'est que d'avoir le cerveau débranché, de cesser d'exister un moment, debout devant une fenêtre, par exemple, avec une bouteille de Calpol à la main. Et puis, une heure ou une semaine plus tard, une fois que quelqu'un crie suffisamment longtemps et suffisamment fort que tout va bien, on dit : "Ah" et on continue notre chemin.

ROMANCE

Le bébé tombe amoureux de son père.

Son père est *là-bas.* Sa mère, en revanche, est simplement là. Elle me grimpe dessus, comme si j'étais un coussin bien-aimé. Elle croise mon regard et le maintient pour le plus long des moments : elle regarde en moi, alors que son père, elle le regarde. Il est un objet merveilleux, et le regarder la rend radieuse de plaisir.

Remarquez, il est souvent en train de faire quelque chose qui mérite tout à fait d'être regardé, jeter un jouet dans l'air, par exemple, afin de l'attraper derrière son dos.

"Qu'il est bête, papa", dis-je.

LE LISERÉ DU TAPIS

C'est souvent quelque chose de petit, la chose qu'on n'oubliera jamais. Le regard d'une femme tombe, en courant d'une nounou à une autre, sur les ampoules qui déforment ses mains à force d'avoir tant poussé la poussette. Une autre femme se souvient du liseré du tapis – des nuits à pousser le bébé d'avant en arrière, et il y a quelque chose de tellement profond et d'infime dans la percussion des roues : comment est-ce que sa vie à elle, avec toute son importance particulière, peut-elle rétrécir à ce centimètre, à la ligne entre le tapis et le parquet ? Comment est-ce qu'une vie peut-être réduite à un sac de peau sur son pouce ? Vingt ans plus tard cette femme soulève sa main pour me montrer exactement là où les durillons se sont formés ; comme un homme qui a reçu une balle pendant la guerre dont plus personne ne veut se souvenir.

LE TEMPS QUE VOUS LISIEZ CECI, ÇA SERA VRAI

Une star d'Hollywood a engagé un expert en lactation pour incorporer son lait maternel dans son régime : "Elle dépense cinq cent soixante-dix calories par jour à produire du lait, si elle consomme à nouveau ces calories, elle a supprimé mille calories de son total, juste comme ça. En théorie, il est possible de vivre sur des calories négatives, c'est-à-dire, moins que rien – on peut priver le système d'alimentation tout en consommant cinq cents calories par jour, ce qui est plutôt intéressant, quand on y pense, mais on ne le recommande pas vraiment." Quand on lui a demandé comment le lait maternel était consommé, l'expert de Beverly, payé mille dollars par jour, a dit : "On a une gamme de produits, il y en a beaucoup qui finissent en sauces pour les salades, ça vous étonnerait."

SCRUTER (II)

Une amie qui est mère me dit : "Je n'oublierai jamais le jour où il m'a regardée sans me voir." Elle indique l'endroit où il était assis par terre, il y a douze ans, dans sa couche. Elle le montre du doigt sur le carrelage. Qu'a-t-il vu, quand il l'a regardée sans la voir ? Elle ne peut le dire. Transparence. Un vent glacé.

"Qui es-tu ?"

Une autre femme dit : "Je ne le nourrissais pas assez vite et il m'a fait tomber la cuillère d'un revers de main, et le regard qu'il m'a lancé était absolument diabolique." Cette femme souffre de dépression postnatale, mais quand même, c'était quoi ce regard ? Je veux le savoir. Je veux savoir quel message est passé entre le bébé et sa mère déprimée. Parfois je crois que nous ne sommes que des miroirs les uns des autres, qu'on accouche d'un miroir en chair et en os, un miroir qui peut se tourner vers nous ou se détourner. Un miroir qui mord. Un miroir qui grandit.

Et ça aussi c'est n'importe quoi, car nous lisons plus dans les bébés que ce qu'il y a à lire (peut-être). Il devrait exister un autre langage pour les bébés. Les mots adultes ont trop de bagages, ils sont trop sociaux et encombrés d'intentions. Comment est-ce qu'un bébé pourrait être "diabolique", ou même "suffisant" ? Et plus tard, comment peut-on dire qu'ils "séduisent", ou "manipulent" ou même nous "connaissent" ?

Ils ne contrôlent pas. A un degré considérable, un bébé “est” tout simplement.

Alors quand on regarde dans les yeux d'un bébé, on regarde dans quelque chose pour laquelle, il n'y a pas de mots. C'est de l'amour. C'est comme ça qu'on ressent toujours l'amour. Regarder dans les yeux de quelqu'un et trouver que les mots vous manquent.

Mais tout de même, il faut être en pleine santé mentale pour supporter le regard fixe d'un bébé.

ET POURQUOI PAS DU VELCRO ?

Vous allez passer dix minutes par jour sur les chaussettes : trouver des chaussettes, assortir les chaussettes, mettre les chaussettes au bébé, revenir sur vos pas dans l'allée du supermarché pour récupérer la chaussette tombée, remettre la chaussette sur le pied du bébé. A laver des chaussettes. A pêcher des chaussettes dans le sèche-linge. A assortir les chaussettes. Tout ça pour quelque chose qui tient cinq minutes sur le pied du bébé. Les pieds des bébés ne sont pas conçus pour porter quelque chose.

Alors j'ai opté pour zéro chaussette. Dix minutes par jour, c'est plus qu'une heure par semaine. Ça fait plus de cinquante-deux heures la première année. On pourrait passer une semaine de travail entière sur les chaussettes. Je ne peux pas me permettre une semaine supplémentaire de congé chaussette non rémunérée. Peu importe l'argent, sur le plan *émotionnel*, je ne peux me permettre de consacrer une semaine de ma vie à des chaussettes. Alors j'ai mis le bébé dans des grenouillères, car les grenouillères étaient pratiques. Mais au bout d'un moment elle a grandi, et puis est devenue très grande. En fait, les grenouillères lui donnaient l'air d'être paradoxalement attardée et je me suis rendu compte qu'il était temps de faire son entrée dans le monde. Il était temps d'acheter des pantalons et des salopettes qui s'ouvrent tout le long de la jambe, et des collants. (Avez-vous déjà essayé de faire entrer un bébé qui gigote dans une paire de collants ?), et des chaussettes. Le moment était venu de se débattre avec des fermetures et de maudire les boutons aux formes rigolotes, associer le rose avec le violet et le violet avec le bleu et se retrouver quand même avec les fesses du bébé à l'air une demi-heure plus tard, quand tous les boutons ont sauté et que les collants sont tombés et que son dîner l'a bien éclaboussé.

Voyez ce bébé mignon dans sa poussette, avec un petit élastique pour les cheveux et des sandales brodées et une robe repassée qui n'a vraiment pas l'air d'avoir du caca dessus, peu importe le sens dans lequel vous la retournez. Ce bébé représente en termes de courses, de lessive, de repassage, je ne sais pas, disons une demi-journée ? Non, une journée de travail.

Ma mère s'attaque au bébé avec un mouchoir mouillé.

"Tu as craché là-dessus ?" lui dis-je, et elle est assez choquée.

— Je ne cracherais jamais sur un mouchoir.

— Oh, comme on oublie vite", dis-je, et l'on se dispute pendant que le bébé échappe en grimaçant au doigt frotteur dont je me rappelle si bien.

Mon père regarde un temps, puis dit : "Pourquoi est-ce que les femmes doivent toujours être en train de les *astiquer* ?"

Etant un homme, il préférerait qu'un bébé devienne crade. Il préférerait descendre la rue avec un bébé dont le visage est recouvert de porridge, de biscuits au chocolat et de morve, que de faire pleurer un bébé. Il n'a honte de rien.

Et puis il n'y a rien d'aussi beau qu'un enfant propre. Toute cette peau propre. Drôlement jolie, une fois qu'on l'a bien frottée, ma chère.

"C'est un travail vraiment ingrat", dis-je à une femme qui me pose des questions sur le bébé et comment je m'en sors. Elle se détourne de moi, horrifiée : "Élever un enfant est un des boulots les plus riches sur le plan émotionnel et intellectuel, qui existe", dit-elle (ou quelque chose comme ça). Eh bien non, en fait. Ou bien les élever l'est, en effet, mais les garder propres et nettoyer après eux ne l'est pas, et beaucoup de notre temps est passé précisément à faire ça. Eh oui, j'ai essayé de lui laisser tenir la pelle quand je balaie. En ce qui me concerne, élever un enfant ça veut dire porter, sourire, nourrir, calmer et agiter un hochet. Tout ça peut être très sympa, mais parfois, c'est un peu ennuyeux, et le reste, c'est de la pure besogne. Le seul défit intellectuel au sein de toute cette insanité extatique, c'est comment ne pas devenir folle. ("Elever un petit enfant", alors pour ça, oui, il faut un cerveau.)

Mais tout de même, il y a des choses qui sont beaucoup plus exigeantes sur un plan intellectuel, comme le *scrabble.* Et il y a des choses qu'on ne pourra jamais apprendre, comme la patience. Je troquerais volontiers plusieurs licences universitaires contre une licence de patience. Une bonne machine à laver est beaucoup plus importante qu'un bon cerveau. Si votre machine à laver tombait en panne, on ne vous retrouverait plus jamais, il faudrait envoyer une équipe de secouristes, il faudrait exhumer votre corps de dessous une montagne de linge sale.

Astuce : Le week-end, un des parents reste debout à côté de la machine à laver pendant que l'autre habille et rhabille enfants et adultes à mesure qu'ils sont éclaboussés par un aliment ou un autre. Ensuite le premier chargera, déchargera et rechargera diverses machines à laver et à sécher utilisant aussi le seau de désinfectant pour le pipi et le caca, avant de vider les machines et enfin plier les habits. Pas besoin de les ranger, le dimanche, les deux échangent leur place.

Propre, sale, mouillé, sec, repassé ou froissé, et toujours taché de manière insidieuse. Les habits peuvent vous noyer. Entre les cadeaux, ce qui a appartenu aux aînés et les coups de tête, c'est un fatras insensé. Toutes ces couleurs qu'on ne mettrait jamais soi-même ! Il faudrait mettre des lunettes noires justes pour trouver la fermeture éclair. Tous de la mauvaise taille, ou alors de la bonne taille mais pas de saison. Pour les trois jours de beau temps de n'importe quel été irlandais, vous allez vous retrouver avec sept robes : deux sont trop petites, deux sont trop grandes, deux font trop putes et la très jolie a coûté trop cher pour la mettre.

Ou peut-être pas. Vous allez peut-être faire tout ça beaucoup mieux que moi.

Les habits des nouveau-nés devraient être aussi jetables que les couches. Les bébés poussent comme des potirons, ils peuvent sauter toute une taille du jour au lendemain. Certains habits ne se laisseront jamais porter deux fois et d'autres ne seront jamais portés du tout. La chose la plus astucieuse est de ne même pas s'embêter à les laver, mais les jeter au fur et à mesure que vous les utilisez, sans regarder derrière vous. Oui, y compris toutes les jolies robes en coton brodé et les adorables petits chapeaux, les salopettes avec “Miaou” écrit sur le devant : à la poubelle. La poubelle normale. Celle qui va à la décharge.

Sinon vous allez passer les prochaines années à les transposer d'une boîte en carton vers une autre. Vous allez faire des tas d'habits pour les associations humanitaires locales, des tas pour les ONG à l'étranger et des tas d'habits qui sont trop bien pour les pauvres et qu'on garde pour les enfants d'amis. Mais vous changerez d'avis et déplacerez les habits d'un tas à l'autre : Pourquoi est-ce que les enfants pauvres ne mettraient pas de vêtements design ? Et pourquoi est-ce que les Africains ne mettraient pas de pulls – ne fait-il pas froid dans les montagnes au Rwanda ?

Et puis vous vous arrêterez pour plonger votre visage dans une quelconque minuscule robe ou un pantalon et le poser doucement, vous rendant compte que jamais vous ne pourrez vous séparer de ce petit lambeau, ce petit restant de votre bonheur, les premières semaines de votre bébé, ou la première année, ou la première décennie. Vous ne pourrez jamais le donner, car vous n'y croyez toujours pas, vous avez besoin de preuves comme quoi ils étaient si petits à un moment donné.

Et ainsi va la vie. Vos enfants auront à un moment ou à un autre, trois fois plus d'habits que vous. Si vous avez une fille, la plupart de ces habits vont être roses, même si, comme moi, vous portez tout le temps du noir. (Quand il y a du soleil, je peux à la limite aller jusqu'au marron, mais bon, ça c'est mon côté glamour.) J'aime bien les couleurs sombres sur les enfants, mais habiller une fillette en noir, serait de nos jours considéré comme criminel. Il faut que ça pète. Il faut que ça brille. Il faut adhérer au truc rose, le truc plein de frou-frou, le truc fleuri, le truc joli, sinon vous allez mettre en péril leur santé mentale. Il faut consommer. Alors je pense qu'il faut aller jusqu'au bout et simplement tout mettre à la poubelle après avoir été porté une fois ou deux. Ou alors, faites-le avant même de le sortir de l'emballage, pour gagner du temps. Pourquoi n'y a-t-il pas de poubelles sur place au magasin ? La société fonctionne au niveau de l'enfant de trois ans, car il n'y a pas plus grand consommateur que lui, mais je n'aime pas l'idée d'acheter sans fin des objets sans intérêt pour nos petits, même si c'est pour leur bien. Je regrette la manière dont les petites filles reçoivent de tout le monde des compliments sur leurs tenues, tout le temps, *constamment*, quand il y a tant d'autres choses à admirer. En dépit de quoi, bien sûr, j'achète des choses tout le temps. Faisons donc marcher les innombrables et absurdes ateliers clandestins, les boutiques à fanfreluches, voilà ce que je dis. Il nous les faut, les baskets aux mauvais Karma et les bottes en caoutchouc roses faites dans un pays qui ne voit jamais la pluie. Habillons-les et déshabillons-les à l'infini.

Quand le bébé est allé à la crèche après son premier anniversaire, ils ont regardé ses pieds nus et m'ont interrogée sur ses chaussettes et ses chaussures.

"Oh, elle ne porte pas de chaussures, ai-je dit. Elle n'aime pas." Pauvre enfant, quand elle a fini par en avoir une paire aux pieds, elle a décollé comme Arkle, le célèbre cheval de course irlandais, sur l'herbe et les graviers.

Voilà les choses que les enfants pardonnent (éventuellement) à leur père :

Sortir.
Rentrer tard.
Sentir l'alcool.
Lire le journal.
Regarder la télévision.
Regarder les gens à la télévision avec un vague intérêt sexuel.
Ne pas trop s'inquiéter.
Avoir d'autres choses plus importantes à faire.

Voici les choses pour lesquelles les enfants ne pardonnent jamais, jamais, jamais de la vie à leur mère :

Sortir.
Rentrer tard.
Sentir l'alcool.
Lire le journal.
Regarder la télévision.
Regarder les gens à la télévision avec un vague intérêt sexuel.
Ne pas trop s'inquiéter.
Avoir d'autres choses plus importantes à faire.

Quand j'étais ado puis toute jeune femme, c'était la mode chez les filles de se plaindre de leurs mères, malgré le fait que ces femmes avaient sacrifié leurs vies pour nous élever. Ça n'a jamais été à la mode de se plaindre de nos pères, sauf s'ils étaient tout le temps bourrés. Au pire, les pères provoquaient un silence et un haussement d'épaules, et cela, il faut supposer, parce que c'est tout ce qu'on avait reçu d'eux.

Alors qu'en est-il des Hommes nouveaux ? Va-t-on avoir besoin dans vingt ans d'une nouvelle psychologie pour les enfants ayant grandi avec des pères qui étaient présents la moitié du temps, qui changeaient les couches et leur chantaient des berceuses, la moitié du temps, voire plus ? Est-il possible que, dans vingt ans, on puisse considérer que la faute ne revient non pas systématiquement à la mère, mais au père ?

Ça m'étonnerait.

J'ai rencontré entre-temps certaines de ces mères maudites et c'est très amusant de les regarder. Certaines, à mon grand étonnement, paraissent en effet être de vraies mégères. Mais la plupart sont assez gentilles, ou ordinaires, ou même ternes.

Une mère inintéressante ? Ça n'existe pas. C'est bizarre qu'en tant que groupe les mères soient vues comme un pudding indigeste, et pas très intéressant, fait d'angoisse, d'amour, d'ennui, de plaintes et de banalité. En tant qu'individus, nous sommes *tout*. Entre ces deux extrêmes, où se trouve la vraie personne ?

Maintenant que j'ai été trentenaire, puis quadra, beaucoup de filles qui se sont plaintes de leurs mères ont commencé à aller faire des courses avec elles, à discuter de cuisines aménagées, à faire toutes les choses que des amis pourraient faire ensemble, alors que les mères, je ne sais pas ce que les mères ont fait, mais elles ont changé aussi. Elles ont laissé leurs enfants respirer. La bataille est terminée. Comme si on s'était débattues de chaque côté jusqu'à ce qu'on voit la lumière du jour pour regarder l'autre et trouver…

Maintenant que je suis moi-même devenue une mère, c'est un grand réconfort pour moi de voir comment la plupart d'entre nous arrive à un compromis entre la “MÈRE !” dans nos têtes et la femme qui nous a élevés. Tout le processus atteint une sorte de *happy end* si et quand la fille a elle-même des enfants. “Maintenant tu comprends, dit la (grand-)mère. Maintenant tu vois.” Voilà ce qu'elles convoitent, comme tout adolescent : elles veulent être comprises. Elles ont besoin de quelqu'un sur qui rejeter la faute.

J'emmène le bébé à la maison et observe mes parents avec un regard différent. Mon père aime juste regarder les petits enfants. Il déteste les déranger, leur dire de faire quelque chose, ou leur faire peur d'une manière ou d'une autre ; il ne semble pas y croire. Ma mère adore les bébés – ce n'est pas le cas pour certaines femmes, mais elle oui, même quand ils sont nouveau-nés, tout crus et vagissants, à peine humains. Son amour est plus passionné que celui de mon père ; je crois qu'il peut presque la blesser. En tous les cas, je sais que c'est de là que vient mon bonheur actuel, qu'une grande part de ma maternité est composée de la passion de ma mère et l'attention bienveillante de mon père.

Une femme me demande : “Est-ce que vous allez avoir une relation mère-fille typique ?” On voit qu'elle pense que ce serait une belle vengeance. Le monde adore rappeler aux parents que bientôt tout ira de travers.

Je pense à ça quand le bébé a dix-huit mois et que chaque câlin provoque l'envie de s'échapper en se tortillant. Elle reste dans mon giron si je lui chante une chanson, et elle me caresse le visage, mais si tout cet amour devient écœurant, elle s'en extrait en poussant, en pinçant ou en donnant des coups de pieds, et je pense, avec une vive inquiétude au jour où elle aura ses quatorze ans.

Elle excelle également en coups de coudes accidentellement intentionnels, très bien ciblés.

Et les fils, sont-ils pareils ?

JUSTE

Ça vous tombe dessus brutalement avec le premier bébé, l'injustice de tout ça. On est aveuglé par une rage qui n'est pas tout à fait la nôtre. Des milliers d'années de rage ont attendu juste ce moment pour dire : "Bonjour !"

Pourquoi donne-t-on si peu de valeur au "temps" de la femme ? Pourquoi est-ce à nous de céder et de nous plier. A ce moment-là, il va y avoir une, peut-être cent disputes, chauffées à blanc. Un accord aura peut-être lieu autour du mardi, ou en fin de semaine, samedi, 16 heures. Le mois d'avril peut être relativement équitable, mais rien ne sera joué pour le mois de mai.

On est furieuse parce qu'on sait que le poids des arguments est contre soi ; il faut se battre pour chaque demi-heure qui pour un homme va de soi. Contre qui se bat-on ? Tout d'abord, contre soi-même, et après ça, le monde entier qui considère que votre temps n'a aucune importance. L'homme en question peut être de notre côté dans tout ça, ou pas. De toute façon ce sera de sa faute.

Au moment où arrive le deuxième bébé, ça n'a plus d'importance. Vous allez tous les deux être en train d'y travailler jour et nuit : soulever, porter, réconforter, nettoyer, s'en occuper, papoter, jouer, sombrer dans le sommeil au beau milieu de tout ça. Parfois même le père le plus enthousiaste prend ses distances quand ils ont deux ans : tout ça est vraiment trop et il est vraiment trop seul, ou il n'a jamais demandé tout ça et qui va mettre du pain sur la table, et pourquoi être deux à perdre la tête. Et le sexe, tu te souviens de ça ? Et puis de toute façon, ça ne sert à rien d'exiger qu'il te rende ta vie, on n'a plus de vie à récupérer, à ce stade.

Les femmes reviennent d'avoir élevé des enfants comme des exploratrices de l'Arctique. On le voit dans les foyers des théâtres, par exemple ; elles ont perdu du poids ou teint leurs cheveux. Leurs visages rayonnent. Elles s'attendent à ce que les gens les remarquent ainsi que le fait incroyable qu'elles s'en soient sorties.

Les hommes, en revanche, essayent plus souvent de s'accrocher au fil de leurs vies à travers un labyrinthe de nuits sans sommeil, une vie sociale brimée et une ambition bizarrement tournée au vinaigre. Ils terminent fatigués et assez heureux, ou ils terminent crevés et amers, tandis qu'à leur côté, la femme qu'ils n'ont pas vue durant sept ans fait coucou de la main depuis l'autre côté de la pièce : "Je suis de retour", et ils se disent : "Bon Dieu, elle est plus belle qu'elle ne l'a jamais été !"

Comprenez bien que cela n'est pas un jugement sur les hommes et les femmes. C'est juste une observation superficielle.

DEUXIÈME GROSSESSE

Personne n'en a rien à faire de votre deuxième grossesse. Démerdez-vous.

LES FRÈRES ET SŒURS

J'étais la cadette. J'étais très choyée et gâtée et parfois l'objet d'expériences. Un de mes aînés pouvait, par exemple, m'étrangler pour voir de quelle couleur je devenais : “Ah, tu deviens rouge maintenant. Ah maintenant, tu es bleue”, disait il/elle*. Il m'arrive encore de me réveiller la nuit en m'étouffant.

Quand on ramène à la maison un deuxième bébé, il faut prêter attention à la “Remarque drôle”. C'est la chose que dit votre premier enfant, avec laquelle on peut régaler ses amis et sa famille. Voici quelques exemples vécus :

“Je suis juste en train de tailler mes crayons pour aller voir le bébé.”

“Si je la fais tomber, elle mourra ?”

“Il ne se réveille pas. Je crois qu'il est mort. Comment qu'on écrit *mort* ?”

Puis, après un moment, tout va bien.

LES JOUETS

Les dînettes sont bien. Les cubes aussi. En fait c'est à vous de voir. Qu'est-ce que vous avez envie de passer le reste de vos jours à ramasser ?

LA SALETÉ

La saleté, c'est bon pour les enfants : ça construit leur système immunitaire. Mais il y a peut-être des limites. Mon enfant est en si bonne santé que quand elle n'a que le nez qui coule le reste de la

* Le sexe est non déterminé pour des raisons qui ne sont pas celles de transsexualité (il n'y a pas de transsexuels dans ma famille), mais de confidentialité, de tact, de pardon, de bienveillance, et pas diffamatoires.

crèche à une température de 40 °C. Elle peut vider le lieu avec un éternuement. Je la ramène à la maison, complètement atterrée, parce qu'ils doivent sûrement savoir à quel point le niveau d'hygiène est bas chez nous. Mais je garde néanmoins la tête haute, car la saleté, en dose raisonnable garde l'enfant en bonne santé. Tout ça, je le sais. Je sais que je le sais. Et pourtant, pourtant…

Pourquoi est-ce qu'un torchon à vaisselle qui pue vous donne l'impression d'être folle ? Je me suis toujours interrogée là-dessus – l'élan que l'on peut avoir autour de tels objets, l'impression que sa vie grouille tout à coup de contamination, qu'on échoue de la manière la plus fondamentale. On n'est pas à même d'appartenir à la société décente et l'on deviendra, comme il se doit, un objet de dérision et de dégoût. Un torchon à vaisselle qui pue est une chose au-delà de la honte : ça pue la pauvreté, la misère sordide, un laisser-aller financier, moral, et d'une certaine manière sexuel. Ça infecte le langage, faisant cailler des mots assez ordinaires comme "bavure" ou "mouillé". La moisissure sur l'égouttoir, c'est la moisissure du corps. La mort, mon cher, la mort : l'odeur du torchon à vaisselle est l'odeur des personnes qui meurent quand le reste du monde dit que c'est bien fait pour leur gueule, ils n'avaient qu'à ne pas laisser leur torchon à vaisselle s'empuantir, dans un monde trempé d'eau de Javel.

Si vous trouvez ça fou, pensez à votre tante Mathilde, ou une autre femme accroc au ménage, pensez à la pure rage avec laquelle elles essuient, elles désinfectent, elles frottent, et elles lavent. Contre qui, cette furie est-elle dirigée ? Contre des ennemis invisibles, voilà contre qui. Il y a une corrélation très forte entre une maison propre et une tendance à la paranoïa, ce qui est assez rageant pour quelqu'un comme moi, qui se retrouve avec la tendance paranoïaque sans le bonus d'un évier scintillant. La société trouve merveilleusement équilibrée et saine d'esprit toute femme qui sait nettoyer. La femme en question aussi se considère ainsi, ce qui est plutôt injuste pour les gens qui sont obligés de vivre avec elle et n'ont pas le droit d'essuyer une éclaboussure sur le sol avec un chiffon qu'on utilise pour nettoyer le plan de travail, même si ça va directement dans la machine à laver. Je suppose que ce sont leurs éclats de voix soudains qui plombent leurs familles.

Regardez cette charmante femme avec ses charmants enfants dans la cour de l'école, tous tirés à quatre épingles : la fille toute fleurie et le garçon avec une casquette de base-ball posée parfaitement à l'envers sur sa tête. Normaux. De manière ostentatoire. Un pilier de la société, une mère dévouée, la clé de voûte. En papotant sur ceci et cela, elle dit : "Oh, je ne les laisserais jamais jouer dans le jardin…" Et là, on a le choix entre demander pourquoi et s'éloigner discrètement. On se rend compte qu'elle est complètement folle. Elle sent la folie. Et elle est non seulement folle, mais sûre de son bon droit. Elle pourrait passer une semaine à parler de l'état pitoyable de notre salon.

Les théories sur le travail domestique se réfèrent toujours à l'ère victorienne, la montée des classes moyennes et la découverte de la bactérie. Ainsi se fait la connexion religieuse entre la propreté et la piété, ainsi que le sexuel, où un laxisme avec la brosse à récurer correspondait à une bonne engrossée avant même de pouvoir prononcer le mot "souillon". Mais la propreté est également liée au tribalisme et aux injures tribales, comme le savent tous ceux qui ont pu voir les catholiques d'Irlande du Nord surpasser les protestants en ménage. Et à travers des générations de "sales Polonais", de "sales Irlandais" et de "sales juifs", l'Amérique s'est renouvelée sans fin à doses de nettoyant pour moquettes et de produits d'hygiène personnelle. Ce truc va très loin : parler de la crasse et défendre sa cause, équivaut à recommander la pauvreté ; c'est dégoûter et déranger les gens, c'est rompre des tabous fondamentaux et parfois religieux aussi.

Non pas que j'aime la crasse. C'est toujours agréable d'être propre ; agréable d'être agréable. Beaucoup de disciplines spirituelles incluent le ménage comme pratique religieuse, au-delà des questions de genre. Si je pouvais trouver une justice et une sérénité dans le ménage, je ne rangerais jamais l'aspirateur, j'érigerais un autel à l'aspirateur.

Mais c'est rarement juste et jamais serein. Je n'ai pas beaucoup de patience pour la folie du ménage et j'ai passé beaucoup d'années à essayer de m'en dissuader. J'applique des méthodes de thérapie cognitive sur le bordel dans le hall, "Cette botte en caoutchouc ne t'accuse de rien, d'aucune manière, Anne".

Mais tout ça a pris horriblement d'ampleur quand j'ai eu des bébés. Il faut comprendre qu'ils sont petits. Les tenir en vie paraît impossible, alors on trime énormément pour leur épargner du mal. On fait bouillir, on stérilise, on refait bouillir, on lave, on balaie les choses hors de leur chemin, et quand ils commencent à marcher à quatre pattes, on lave le sol sans fin. Il y a aussi le fait que les bébés portent des couches, alors quatre fois par jour, ou plus, on a affaire au véritable ennemi à ce *Ding an sich*, c'est-à-dire, à la merde, elle-même. Le ménage autour de bébé est une affaire urgente et incessante durant les premiers dix-huit mois. Ça veut dire que les femmes qui ont beaucoup de bébés sauvent des vies avec leurs pelles et leurs balayettes, et passent la javel pendant dix ans non-stop. Ce n'est pas étonnant qu'on prenne le pli.

Cependant, certaines femmes nettoient avec tellement de produits que ce n'est pas tant du ménage que de l'abus de produits toxiques. Le ménage rend les femmes plus tristes que toute autre chose. Parce que ça n'en finit jamais, parce qu'elles en font la plus grosse partie, et aussi parce que ce qui nous pousse à nettoyer et à ranger a ses racines dans la rage et le dégoût. Certaines femmes sont guillerettes à la maison, bien sûr, et beaucoup d'hommes sont non seulement propres, mais bien ordonnés aussi. Néanmoins, les statistiques semblent confirmer l'idée que les hommes, contrairement aux femmes, ne se sentent pas sans fin sous l'emprise des tâches domestiques et que les femmes ne prennent pas de plaisir à faire le ménage, malgré le fait qu'elles continuent à le faire. Nous sommes les esclaves de nos propres esprits.

Si vous voulez de l'équité chez vous, ou une ébauche d'équité, voici les règles. Je les ai affinées durant des années, assise devant un clavier pendant des mois, avant de bondir d'un coup pour crier : "On habite dans un taudis" et "Pourquoi est-ce que personne ne nettoie jamais les plinthes ?" Ces règles ne s'appliquent pas aux foyers qui contiennent déjà des hommes ordonnés.

1. Laisser s'encrasser.

Si l'on insiste pour qu'un homme rehausse son niveau, il suffit simplement de baisser le nôtre. Il est sans doute trop élevé de toute façon. Si un rebord de fenêtre vous plonge dans une déprime, il faut prendre en considération la déprime autant que la poussière, voire plus. La poussière ne tue pas les gens. Lavez vos mains, pas la maison. Faites attention avec la nourriture. C'est tout, en fait.

2. Partager le territoire.

Ne jamais, *jamais*, dire à un homme de s'écarter de l'évier, même s'il fait tout de travers. Ne faites jamais ça. C'est son évier aussi.

3. Démarquer.

Ce n'est pas la peine de demander à un homme de nettoyer quelque chose quand il ne peut pas voir que c'est sale. Les filles ont été entraînées dans l'art du ménage depuis l'âge de deux ans, suivant leurs mères partout, leur demandant pourquoi la peau de chamois fait ce bruit rigolo quand on nettoie les fenêtres. Les garçons, si nous nous fions au stéréotype, sont en train de courir dans tous les sens à cet âge-là, faisant : "Pan, pan, pan !" Un homme risque, par exemple, de ne pas savoir qu'un lavabo à un dessous. Il risque de ne pas être capable de voir quel côté d'une pièce a déjà été aspiré. Si c'est le cas, ce n'est pas la peine de lui passer l'aspirateur.

Jouez sur vos points forts respectifs. S'il aime manger, il pourrait se charger de la cuisine. S'il aime les fringues, il peut s'occuper de la lessive. Le truc avec la démarcation, c'est que ça requiert la séparation totale des tâches, même des pièces, et des nerfs solides. Vous ne devez, sous aucun prétexte, passer à l'attaque. Il faut laisser le linge pourrir dans le tambour. Vous devez lire le journal pendant qu'il passe deux assiettes sous le robinet avant le dîner. Il ne faut pas râler. Il ne faut jamais, jamais, jamais le faire à sa place. Vous ne devez pas casser les assiettes sales tout en pestant sur comment votre vie a tourné. Gardez le silence. Laissez-le se dépatouiller.

Il y a quelques années, j'ai eu la chance de développer une très mauvaise névrose autour de la vaisselle. La vaisselle, ça voulait tout dire : le savon, la graisse, le trou de l'évier. Il me fallait juste regarder l'eau de la vaisselle pour pleurer dedans. Je suis arrivée au point où je ne pouvais plus y toucher.

4. Avoir de la chance.

Après quelques années à regarder les hommes fonctionner dans des bureaux, je me suis rendu compte que les salauds parmi eux ne s'emmerdent pas avec les petites tâches. Ils laissent les autres passer les coups de téléphone ; ils ne peuvent pas piger comment marche la photocopieuse et si quelqu'un renverse une tasse de café, ils restent là, à la regarder. Ils ne sauraient pas où trouver une éponge, tellement ils sont bons à rien.

Regardez ce comportement de près, si vous pensez vraiment qu'il n'y a aucun rapport entre l'incompétence et le pouvoir. Ce sont les faibles qui sont occupés et efficaces. Si vous pensez que les hommes ne nettoient pas parce qu'ils sont plus tête en l'air, ou juste pas assez concentrés, eh bien regardez un homme que vous n'aimez pas, afin de savoir quoi dire à celui que vous aimez.

Sinon, vous aussi, vous pouvez devenir une veinarde. Je ne sais pas à quoi ressemble un formulaire d'impôts, par exemple. Cela m'épargne beaucoup d'heures fastidieuses année après année ; ce qui m'amène à :

5. Descendre de votre croix.

S'il peut apprendre à se débarrasser d'une tâche de myrtille à 40 °C, eh bien, vous, vous pouvez apprendre à utiliser une perceuse. Le cercle de mes connaissances est rempli de femmes dont les vies seraient changées du tout au tout si elles savaient faire cette seule et unique chose. En fait, ma vie serait transformée si je savais utiliser une perceuse. Je suis capable de dessiner l'étagère et de la mesurer, de repérer et acheter le bois, obtenir l'équerre qu'il faut, marquer le mur et après tout ça, m'essuyer les mains, puis, après quelques mois d'essuyage de mains, hurler un peu, et soudain, un an plus tard, claquer la porte, faire une balade hors planning, sans clés et les enfants pas nourris. Et pourquoi ? Parce que j'ai peur de la perceuse. Notamment lorsque je suis enceinte, j'ai peur que la perceuse me perce le ventre et fasse rejaillir du liquide amniotique.

Franchement, je ne mérite pas d'être heureuse.

AUTRES MÈRES, AUTRES PÈRES

Les autres mères sont toujours beaucoup trop inquiètes pour leurs enfants et puis, étrangement, peut-être dangereusement, beaucoup trop décontractées. Les autres mères ignorent leurs enfants quand ils les tirent par la manche ; puis leur prêtent attention juste au moment où l'on arrive au point crucial de la conversation. Les autres mères donnent à leurs enfants de la nourriture impensable, des trucs qu'on ne pourrait même pas trouver au supermarché. Les autres pères sont trop indifférents ou trop bruyants et ils surexcitent toujours un enfant juste avant de le coucher.

Leurs enfants, en revanche, sont fantastiques. C'est un lieu commun de dire que les EDA (Enfants des Autres) sont inintéressants à côté des vôtres, mais moi je les aime vraiment. J'aime bien les regarder et deviner leurs personnalités de bonne heure. J'ai hâte de les voir grandir. J'adore voir les yeux d'un père dans le visage d'une petite fille. Il n'y a rien de plus intéressant, je trouve, que d'observer ce qui peut sortir de deux personnes et de voir comment ça évolue.

COMMENT SE SAOULER TOUT EN DONNANT LE SEIN

Sortez. Saoulez-vous. Dégrisez. Nourrissez le bébé le lendemain.

Simple, n'est-ce pas ? Cependant, il faut attendre que votre provision de lait soit suffisante pour que vous puissiez prononcer le mot "tire-lait" sans grimacer (cela peut ne jamais arriver), et jusqu'à ce que votre bébé ait été sevré, et qu'il accepte un biberon. Sinon, il faut attendre que vous n'ayez plus le tournis en vous asseyant tranquillement sur une chaise, c'est-à-dire jusqu'à ce que le bébé ait commencé à dormir pendant six heures ou plus par nuit. Cela peut également ne jamais arriver non plus. L'essentiel, c'est d'attendre, jusqu'à ce que vous n'en puissiez plus des sourires, des tressautements, des cris, de l'odeur du caca et autres joies maternelles. Il faut appuyer sur éjecter avant que l'avion ne s'écrase, ce qui, dans le cas de la maternité, revient à éviter de courir dans la rue en robe de chambre criant : "Taxi !"

Trois mois de sobriété est une bonne règle empirique. Ça peut prendre plus longtemps, mais trois mois, quand on les rajoute à la grossesse, ça fait un joli chiffre bien rond pour les comptes. Il n'y a pas de mal à ça, c'est plus économique.

Entre-temps, il faut se priver des avantages professionnels dont bénéficient vos collègues qui tombent les uns sur les autres au pub et qui en rigolent le lendemain. Vous allez être exclue pendant un petit moment, pour toujours, peut-être. La maternité peut inhiber votre consommation d'alcool pendant une période allant jusqu'à quinze ans, d'abord parce que vous voulez protéger les enfants et ensuite parce que vous ne voulez pas les faire pleurer. Si on circule dans un milieu qui picole comme le journalisme, ou la pub, ou l'édition, ou l'Irlande, une virée tous les six mois environ peut être nécessaire pour rassurer tout le monde que vous n'êtes pas devenue une sainte Nitouche. Boire juste un verre ne leur suffirait pas. Pour sortir comme il faut, il faut boire sans compter, sans raison.

Mais (voix hystérique) est-ce que ça va nuire au bébé ?

L'Académie américaine de la pédiatrie s'accorde avec l'idée générale que "boire un petit coup de temps en temps ne peut pas faire de mal", surtout parce qu'ils ont envie d'approuver *quelque chose* et nous permettre de boire un coup peut nous écarter de la cocaïne. Boire en allaitant est une tradition : avant, les mères buvaient une blonde ou un verre de Guinness pour favoriser leur production de lait et aussi, peut-être, dans l'espoir de faire dormir le bébé. En fait, une petite quantité d'alcool prise avant de donner le sein incite le bébé à prendre vingt pour cent de lait en moins. Ça les fait également dormir, non pas bien, mais mal, dans les trois heures et demie après avoir été nourris ; alors voilà, le mythe s'effondre.

J'ai fait mes recherches, comme vous pouvez le voir. Je prends très au sérieux ma culpabilité maternelle. Je la dissèque. Je la mets en boîte. Je la jette à la poubelle. Et puis je descends à 3 heures du matin et je découvre que mon ancienne culpabilité s'est multipliée et qu'il y a de la nouvelle culpabilité partout sur le sol de la cuisine. Alors je la remballe vite fait et je me dis : *Réfléchis, idiote ! Continue à réfléchir !*

L'alcool et le lait maternel, ce n'est pas un mélange très heureux. Mais le concept clé ici est celui du *timing*, il faut boire après avoir donné le sein, pas avant. Beaucoup de mères vont trouver difficile de croire que l'alcool ne s'accumule pas dans leur lait. En fait le contenu d'alcool dans votre lait est le même que dans le reste de votre corps, c'est réabsorbé dans la circulation sanguine pendant que vous dégrisez. Deux heures après un verre de vin, c'est comme si vous aviez bu de l'eau. Il n'y pas une once de vérité dans le fait que nourrir un enfant après avoir bu un coup est comme si le bébé l'avait bu lui même.

Avant de paniquer sur le champagne postnatal qui a fait chavirer toute la pièce après seulement deux gorgées, ça vaut le coup de calculer combien d'alcool il y a dans votre sang à tout moment. Si vous êtes complètement bourrée, reluquez le contenu du petit lit, extrayez le bébé tout en vous affalant sur votre lit et perdez connaissance avec sa bouche vaguement positionnée sur votre sein, votre lait contiendra un énorme 0,3 % d'alcool. Si vous êtes réellement dans le coma, et que bébé est placé sur votre sein par une tierce personne, alors votre lait contiendra 0,4 % d'alcool, ou dans ces eaux-là. A 0,45 %, vous êtes morte, alors les tentatives de nourrir le bébé vont échouer après cinq minutes environ. Mais en général, en tant qu'ivrogne euphorique (0,03 %) ou même excitée (0,1 %), votre sang, et donc votre lait, va contenir à peu près un millième de la quantité d'alcool contenue dans un dry Martini. En 1982, la Gripe Water* qu'on trouvait au supermarché contenait autant d'alcool que de la bière pure, c'est-à-dire 4,69 %.

Il y a de bonnes raisons pour ne pas nourrir un bébé quand vous êtes saoule, et elles ne sont pas seulement esthétiques. Les enfants de femmes qui boivent tous les jours ne présentent pas de différence dans le développement cognitif durant la première année, mais ils montrent un petit retard, significatif dans le développement moteur. Il y a également la question de l'odeur. Il y a également la question de savoir s'ils vont apprendre à aimer ça.

Toute mère se soucie de l'addiction, qu'elle donne le sein ou non. Ce n'est pas juste une question d'alcool : chaque parent est inquiet pour les bonbons, les biscuits, les chips, les mangeurs difficiles, les mangeurs trop gourmands, si leur enfant va devenir gros, ou anorexique. Si leur enfant ne les aime pas suffisamment à table pour manger ce qu'il faut. Ça commence tôt. Chaque couple que l'on croise s'inquiète de quand est-ce qu'il faut enlever "le biberon" au bébé, ce qu'on peut se permettre d'ajouter dans "le biberon", si le bébé devrait avoir droit à une sucette et pour combien de temps. Selon mon expérience, c'est en général le père qui veut contrôler toutes ces activités buccales, avec la supposition tacite qu'une goutte de miel sur une tétine en plastique va envoyer le bébé direct au centre de désintoxication : autant faire le chèque maintenant. Parfois, mais plus rarement, c'est la femme qui jette toutes les bouteilles à la poubelle et revient rayonnante, avec un

* Remède contre la colique.

gobelet en plastique. Il semblerait que sucer et les satisfactions obtenues en suçant sont considérées comme dangereuses dans notre société. Il semblerait aussi que la mère ne les trouve pas aussi dangereuses que le père. Alors, pendant que les parents se disputent, *sotto voce,* l'enfant s'accroche à la bouteille comme si sa vie en dépendait : la prise d'un enfant sur une bouteille est si forte qu'on pourrait croire qu'on peut le soulever avec.

Evidemment, le parent anxieux et puritain a raison, ou n'a pas tort tout du moins : si on laisse le biberon /doudou /sucette sous le contrôle de l'enfant, il ne les cédera pas sans une énorme et bruyante bagarre. Mais cela va-t-il faire d'eux une sorte d'esclave de la succion pour le restant de leurs jours : des dévoreurs, des grignoteurs, des glouglouteurs, des gros, des junkies, des alcoolos ? Eh bien... probablement pas.

Il n'y a que deux petites études que j'ai pu dénicher sur tout ça. Les deux ont trouvé une forte corrélation entre le fait d'avoir été sevré du sein à deux semaines ou moins et le fait de devenir alcoolique par la suite ; cela illustre *l'hypothèse de Trotter*, la suggestion d'un chirurgien naval de l'ère victorienne, qu'il pourrait y avoir un lien entre le sevrage précoce et la consommation d'alcool plus tard.

Evidemment, lorsque je régale mes amis avec cette information autour d'une bouteille ou deux de Chenin Blanc (on trinque au téléphone ces jours-ci), le cri est unanime : que se passe-t-il si on ne nous a jamais allaités ? Qui va parler au nom des pauvres nourris au biberon ? Mais évidemment, la science ne nous dit jamais la chose la plus importante.

Je me rassure donc. Il y a des milliers de contaminants dans le lait humain, y compris les résidus de chaque flacon d'Ambre solaire que vous avez jamais tartinée sur votre peau ; mais il semblerait que, bien qu'il soit suspect, faillible, et alcoolisé à presque 0,03, le lait humain est toujours mieux qu'un autre. Cependant, l'*hypothèse Trotter*, selon laquelle on fait plus de mal aux bébés, non pas en leur donnant du plaisir, mais en le leur ôtant, est une idée plaisante. C'est pourquoi les mères bondissent d'un coup pour accourir vers leurs bébés.

C'est pourquoi dire à une mère de ne pas prendre son bébé qui pleure dans ses bras, c'est comme lui dire de ne pas étancher le sang d'une blessure. C'est pourquoi il faut être gentil avec les enfants autant qu'on le peut, c'est-à-dire fantastiquement gentil, jusqu'au troisième mardi du mois de mai quand il faut sauter par la fenêtre et courir se saouler. Parce que la joie de l'alcool, c'est que si votre enfant dort pendant douze heures, vous pouvez vous saouler la gueule durant les trois premières heures et, quand vient le matin, vous vous sentirez peut-être intoxiquée, mais vous ne serez pas *toxique*. Vous n'avez pas à vous débarrasser du lait que vous fabriquez au long de la soirée ou à "pomper et balancer" comme le disent de manière si charmante les femmes sur Internet. Il n'y a *rien* à faire à part s'amuser.

Il m'a fallu deux bébés pour piger ça.

Deux bébés plus tard je sors acheter le tire-lait électrique (grimace) et je passe les rideaux dans la machine à coudre pour me mettre quelque chose sur le dos. Deux bébés plus tard, je sors sur la pointe des pieds tandis que le biberon est donné par un père sentimental à une minuscule bouche. J'ouvre la porte d'entrée avec un cliquetis du loquet et descends le chemin du jardin sur la pointe des pieds, ouvre le portail avec un grincement et me rends compte que je n'ai plus d'amis avec qui je peux sortir me pinter la gueule. Mais non, je plaisante. Je vais à un lancement de bouquins évidemment. Je prends onze et un gins. Je braille et crie et rigole. Je croise des gens aux toilettes et leur parle avec une drôle de voix tout en faisant pipi, pour découvrir quand j'ouvre la porte du cabinet que l'endroit est vide. Aïe. Ce n'est pas être saoule ça, c'est être atteinte de démence. *J'ai fait un bébé ! Apportez moi un gin !*

Je fais coucou de la main de l'autre côté de la pièce, et "bonjooouuuurrrr", et je dis à tout le monde combien ils ont bonne mine, alors qu'ils ont l'air d'avoir un an de plus et pour certains c'est cette année-là qui a fait la différence. Je ne regarde pas mon propre reflet, jamais. Je guette la malice, mais je n'en trouve pas. Tous les grands buveurs sont desséchés, ou morts, ou horriblement stigmatisés. Plus personne ne fume, il n'y a pas de romance dans l'air. L'éclairage est mauvais et l'acoustique pire et les hommes ont l'air ennuyeux. Je dis hommes, mais je veux dire n'importe qui. Ça n'a jamais été juste une question de sexe, le Grand Projet des Buveurs ; c'était une question d'heureux hasard et la poésie de 3 heures du matin, scotché à quelqu'un, entre quatre yeux, racontant n'importe quoi.

A un moment donné, vers 22 h 30, le petit con demeuré qui vous a suivie toute la soirée revient avec le même sourire narquois que la dernière fois que vous étiez sortie, et vous vous rendez compte avec l'œil hagard que vous avez changé pendant que le monde n'a pas bougé. J'ai eu un bébé ! Je ne suis plus ! vraiment ! intéressée !

Boire est un truc de groupe et vous n'avez plus de groupe maintenant. Vous avez une famille (zut). Le moment est venu de s'aventurer nonchalamment dehors et de perdre son sac à main dans un taxi. Le moment est venu de tâtonner dans les plates-bandes pour retrouver les clés que vous avez fait tomber et d'ouvrir la porte : "Ce n'est que moi !" Le moment est venu de régaler son homme avec qui a dit quoi à qui, jusqu'à ce que le bébé se réveille et papa vous fait Chhhuuut avant d'aller chercher un autre biberon pendant que vous vous faufilez, mugissante et dégoulinante comme une vache après l'heure de la traite, alors que le fermier est tombé dans les pommes, une bouteille roulant paresseusement sur le sol à côté de lui.

RECEVOIR

C'est la fin du repas. Deux couples de parents retournent tranquillement leurs enfants, la tête en bas, ou les tirent vers eux par la ceinture de leur pantalon pour renifler discrètement leurs derrières. Puis on attaque le camembert.

ACCOUCHER D'UN GÉNIE

Le bébé est allongé sur son dos et donne des coups de pieds. Pouf, pouf, pouf. Ses pieds tambourinent le sol. Je cogne un rythme sur le parquet et elle m'imite, sept d'un coup. Puis je frappe quatre fois et elle aussi.

Je la soulève rapidement et fais autre chose, essayant de la distraire du fait qu'elle sait déjà compter, à l'âge de huit mois. Je ne dis rien. Heureusement, devant son père, devant sa mamie, quelques parents et amis, elle ne prend pas la peine de frimer. En fait, elle fait exprès de se tromper. Alors c'est un secret entre nous, ce don mathématique. On ne le dira à personne d'autre. Ce sera mon propre fardeau et en attendant j'entretiendrai la légèreté.

LE RÊVE

Bébé est censé être endormi dans sa chambre, mais est assise à mi-chemin dans l'escalier, dépitée.

"Mon gilet", dit-elle.

Enfin, elle ne dit pas tout à fait gilet, elle prononce le bruit que nous reconnaissons toutes les deux comme gilet à ce stade. Je l'ai mis à sécher sur la corde à linge hier, et nous l'avons regardé, toutes les deux, un moment. C'était si joli, suspendu là.

Puis elle dit : "Crôa, crôa", le son que font les corbeaux par la cheminée, de temps en temps.

Elle a fait un rêve. Elle a rêvé d'un corbeau et de son gilet qui était suspendu sur la corde à linge.

Alors je vais chercher le gilet et lui montre qu'il va bien. On sort sous la corde à linge et on cherche des corbeaux dans le ciel.

"C'était un rêve", dis-je. Mais elle semble avoir tout compris, déjà. Elle a quinze, peut-être seize mois.

LA PAROLE

Personne d'autre ne peut entendre le parler bébé, mais moi, si. Je peux l'entendre dire "monte" et "tape", j'entends "porte". J'entends "ficelle".

Personne ne croit que mon bébé dit *ficelle*, mais moi je sais qu'il le dit, car il adore le bout de ficelle qui est attaché à la porte de la voiture, et il dit "chichel". Il faut bien tendre l'oreille, ça, je l'admets.

Depuis des mois, on a été sur le mode appel et réponse. "Ah da da dah", dit l'enfant et je réponds : "Ah dah dee *doo* dah." Cette conversation est étonnamment complexe et provoque en moi un nouveau respect pour les oiseaux, les baleines et les chimpanzés. Avec trois ou quatre syllabes dans toutes leurs variations, on peut dire, toutes les deux, tout ce que l'on a besoin de dire, pour l'instant.

Cependant je rêve d'entendre Bébé ouvrir sa bouche et dire quelque chose de merveilleux et long et *syntaxiquement* incroyable, comme : "Je peux aller faire des courses ?" Je sais que c'est là quelque part. Avant que son premier mot n'ait été proféré, il y avait des phrases entières qui se jouaient sur son visage. L'astuce, c'est de les sortir de là, comme d'arracher le beau temps.

Il n'y a rien de plus excitant que la parole. Un bébé regarde votre visage quand vous dites un mot et quoi qu'il se passe entre vous deux lorsque vous entendez le mot en retour, c'est de l'amour et de l'amour en retour, c'est le regard rendu manifeste. Apprendre à un enfant la parole, c'est lui donner le monde. C'est mieux que de le nourrir, je le réalise, tandis que je me tiens à côté du plan de travail dans la cuisine, laissant tomber des bribes de mots sur le visage de ma fille levé vers moi. Et je me dis que tous les mots sont un breuvage sublime, ou une soif de breuvage, ou sa source. Tous les mots se déroulent dans l'espace entre vous et votre bonne vieille môman.

J'élabore une théorie comme quoi tous les écrivains ont des Mères fortes, des Mère sérieuses, parfois des Mères exigeantes, le genre de femme dont la présence est tout de suite tangible quand elle est dans la même pièce que vous. Je teste cette théorie à chaque fois que je suis à une conférence, je la propose à table lors de dîners. La dernière fois que je l'ai fait, l'un des écrivains n'a pas répondu. Il s'est mis à pleurer.

ÊTRE AIMÉ

Si vous voulez avoir l'air âgée, tenez votre bébé à côté de votre visage devant le miroir. Placez votre joue contre sa joue. Voilà ce qu'est la peau. C'est quelque chose qui se relâche à force d'être portée, comme un pantalon en lin qui vous va à merveille, mais seulement pendant la première demi-heure.

Moi, j'ai vécu des années sans miroir et j'aime bien ça, mais un bébé a besoin de voir son reflet, alors je tiens le bébé devant le miroir, puis je me tourne pour admirer le bébé dans la pièce. *C'est toi ! C'est toi !* On se tourne et se retourne. On se penche pour gribouiller du doigt sur le verre. On touche le miroir avec nos fronts.

Erreur. C'est une erreur grave de s'en approcher autant.

Bébé remplit sa peau. Pas moi. Mes cheveux, qu'elle aime tant, deviennent gris et sont en bataille. Je porte (quoi d'autre ?) un survêtement. J'ai décidée que j'ai franchi la ligne entre vivre et vieillir ; entre être en vie et prendre de l'âge. Et pourtant le bébé n'aime rien de plus que mes cheveux qui la chatouillent et attraper les fermetures éclairs. Elle regarde dans le miroir et dit : *Maman ! Maman !*

Je n'ai pas le choix. Il faut que je fasse d'autres bébés. Il va falloir que je me reproduise et me reproduise ; voir ma non-existence se multiplier encore et encore, jusqu'à ce que je sois complètement croulante, complètement heureuse et à peine là du tout.

CE N'EST PAS DE VOUS QU'IL S'AGIT, VOUS SAVEZ ! (I)

Je ne dis pas que je ne sais pas cuire un œuf, vous savez, mais un soir où il n'y avait pas grand-chose à manger dans la maison je me suis dit qu'un œuf dur pouvait très bien faire l'affaire, sauf que je ne pouvais pas me rappeler s'il fallait le mettre dans de l'eau froide et faire chauffer le tout ou s'il fallait attendre que l'eau se réchauffe avant de le mettre dedans. Et puis la question du sel était toute une histoire aussi. Bébé marchait à quatre pattes. Je me souviens d'elle assise sur le sol de la cuisine qui me regardait de cette façon, penchée en avant et pleine d'espoir. Elle pleurait, bien sûr, car elle avait faim. Alors je l'ai soulevée dans mes bras et l'on a attendu que l'œuf cuise, j'ai essayé de la calmer, mais cinq minutes pour un œuf, c'est très long pour un bébé affamé, alors elle était assez énervée le temps que je sorte la maudite chose de l'eau, la fasse sauter d'une main à l'autre et l'ouvre… et c'est là que j'ai découvert que le blanc de l'œuf était encore liquide. J'aurais pu le lui donner s'il n'y avait pas eu le risque de salmonelle, car elle rugissait vraiment et c'est la chose la plus dure, de ne pas pouvoir nourrir un bébé. "Je sais, me suis-je dit, je vais le mettre au micro-onde. Ça ne peut pas exploser, je l'ai déjà ouvert." Alors je l'y ai mis pour une minute ou trois, et une fois que je m'étais débattu avec, à l'aide d'un gant et un torchon, j'ai vu que le blanc avait un air étrangement plastique, mais très *cuit*, en le regardant bien, même s'il allait falloir attendre encore trois minutes, le temps que ça termine de se cuire à l'intérieur. Mais bon, on y était presque, alors j'ai chanté un peu pour distraire le bébé pendant que je passais l'œuf sous le robinet et épluchais l'étrange blanc caoutchouteux en même temps et je disais encore : "Tout de suite, tout de suite", disais-je lorsque le sac du jaune m'a explosé au visage.

Le truc c'est… que j'ai continué à sourire. J'aurais pu avoir ne serait-ce qu'un mouvement de recul, mais je n'ai pas pipé mot. Pas un couinement. Pas la moindre réaction. Tout au plus, il y a eu un silence immobile.

Bon Dieu, qu'est ce que ça voulait dire tout ça ? C'était comme des femmes blessées à la guerre qui se seraient traînées à travers la cuisine avec des bouts leur manquant et disant : "Ça va aller, ma chérie. Ta maman est là." Et pensant : "Ils ont bombardé le frigo, qu'est ce que je vais lui donner à manger maintenant ?"

Ça me donne un frisson rien que d'y penser. Cet œuf était vraiment très chaud.

CE N'EST PAS DE VOUS QU'IL S'AGIT, VOUS SAVEZ ! (II)

Je raccroche le téléphone et dis au bébé : "Je viens de gagner un prix pour mon livre. Ta maman a gagné un prix !" Alors on fait une petite danse. Elle semble assez contente pour moi.

C'est une affaire bien solitaire parfois. Non, toujours. C'est toujours une affaire bien solitaire.

LE MOMENT

Le moment viendra où vous allez sérieusement penser à abandonner tout ça. Peut-être même que vous ferez les premiers pas. Partir. Partir. Partir. Vous passez les clés au père et vous vous éloignez de la voiture. Ou bien un soir, à la maison, vous mettrez votre manteau et vous vous dirigerez vers la porte. C'est là que vous allez découvrir combien l'élastique qui vous retient ici est court. Partir. Partir. Partir. Devient Stop. Stop… Stop. Vous ouvrez la porte et regardez à travers la pluie et vous réalisez que vous n'avez nulle part où aller, et même s'il y avait un endroit, vous ne pourriez pas partir. Autant essayer de quitter votre bras. Et votre enfant, qui vous appelle (vous vous retournez et vous riez et là vous rentrez), n'oubliera jamais votre silhouette quand vous faites face à la rue qui mène loin d'eux. Il se souviendra même de la pluie.

Certaines personnes partent vraiment. Je crois qu'il est important de ne pas l'oublier. Partir, c'est possible. Il existe des amputés : ils se baladent avec leurs manches épinglées sur le devant de leurs vestes, ils se débrouillent très bien.

INQUIÉTUDE

Il faut toujours vérifier un silence, non pas parce que le bébé aurait pu s'étrangler, mais parce qu'il est en train de détruire quelque chose, intégralement et lentement, avec un immense plaisir secret. Il faut toujours s'en rappeler. Vous accourrez dans la pièce, non pas pour voir si le bébé a besoin d'être ressuscité, mais pour sauver vos disquettes. Une fois que vous aurez identifié le point d'équilibre, vous pourrez vous libérer de la prison de l'inquiétude. Je sais tout ça, je suis une experte. Certaines personnes, tandis qu'elles gravissent l'escalier, peuvent tendre l'oreille et entendre que le jouet est toujours utilisé. Pour moi, il s'agissait du bruit du bébé en train de frapper les touches d'un clavier de manière parfaitement aléatoire dans une soudaine crise d'étouffement ou d'épilepsie. Avant je lisais tout le temps la partie "Urgences" dans les livres *Comment tuer votre Bébé*. Ces livres ont tellement de succès que je suppose qu'il y a une partie de nous qui a envie de le faire. Si l'inconscient fonctionne avec des antagonismes, la naissance est aussi une affaire de meurtre.

Comment tuer votre Bébé : une liste :

Trop de sel, du miel infecté par des champignons, une baignoire glissante, des animaux domestiques soudainement devenus jaloux, une fratrie jalouse en permanence, un baby-sitter stupide ou malade, l'escalier, une maison qui prend feu quand vous êtes "dehors en train de laver la voiture", un kidnappeur, un petit jouet en plastique, jouer en le secouant plutôt que de le faire sautiller, un tiroir ouvert, plein de couverts, un collier, une ficelle, un sac en plastique, un bout de ballon crevé, un fil électrique, un fil téléphonique, une dispute, une tringle à rideau, un bonbon avalé, un oreiller accidentellement étouffant, une pièce enfumée, le mauvais modèle de matelas, une fenêtre ouverte, une allergie au lait, une allergie aux cacahouètes, une piqûre d'abeille, un virus, une infection bactérienne, un promeneur déséquilibré, une bouteille de javel, toute sorte de désherbants (que se soit sur la pelouse ou dans la bouteille), les pesticides, diverses vapeurs, tout ce qui est cancérigène, y compris les pommes, absence de crème solaire, absence de chapeau, des œufs de batterie, de la viande non bio, les voitures. Vous avez également, peut-être, le syndrome Münchhausen, par procuration, sans le savoir, alors c'est une bonne idée de faire un contrôle pour ça, de temps en temps.

D'après ce que je vois dans les reportages, une des créatures les plus dangereuses dans la vie d'un enfant, c'est un beau-père, mais les livres ne semblent pas les mentionner. Ils préviennent contre le manque de soin infini des mères avec les objets domestiques dangereux, mais ils ne mentionnent jamais leur goût en matière d'hommes.

Quand Bébé a huit mois, elle pleure à chaque fois que je quitte son champ de vision. Cette anxiété de la séparation peut devenir assez usante. C'est tellement important et illogique. D'ailleurs je n'ai pas besoin qu'on me rappelle que je ne vais nulle part, je suis avec ce bébé tout le temps. Mais je me demande si une partie du problème n'est pas ma propre angoisse quand je quitte la pièce. Sera-t-elle encore en vie quand je reviendrai ? J'envisage l'affaire au tribunal :

"Auriez-vous l'obligeance de dire au jury pourquoi vous avez laissé le bébé ?

— Je… un besoin naturel, votre honneur !"

Une pause. Une vague de compassion ondule dans tout le tribunal.

"Eh bien, je suppose que même la meilleure des mères doit…"

(Toussotement.) Alors qu'on sait très bien qu'il trouve qu'on ne devrait pas !

"Affaire close. Je suppose."

Les mères s'inquiètent. Les pères s'inquiètent aussi, bien sûr. Mais les mères sont censées s'inquiéter et les pères sont censés rassurer. Oui, elle va très bien sur la balançoire, non, il ne va pas tomber dans le ruisseau, oui, je vais mettre la poussette à l'ombre, oh, ressaisis-toi, s'il te plaît.

Est-ce vraiment une question de sexe ? Peut-être que ce sont les personnes qui passent le plus de temps avec le bébé qui s'inquiètent le plus, car les bébés nous forment à ça : être épuisés à force de les tenir dans les bras, de les promener, de chanter, de les distraire. Les bébés exigent tout de vous, mais c'est un drôle de tout, mélange du "tout" qu'un ouvrier en usine donne sur la chaîne d'assemblage et du "tout" qu'un amant donne à sa bien-aimée. Ce qui exige, dans les deux cas un bon degré d'abnégation.

Voilà pourquoi les gens qui gardent les enfants souffrent de désespoir : tout à coup, ils réalisent qu'ils existent encore. C'est pour garder à distance ce point crucial, peut-être, qu'on s'inquiète, car s'inquiéter c'est une façon de ne pas aller au bout d'une réflexion.

Je pense que l'inquiétude est une émotion négligée – s'inquiéter, c'est quelque chose que font les personnes étroites d'esprit – mais l'inquiétude a également son côté existentiel : voici le feu qui brûle, le bouton qui étouffe, voici la bouilloire, la voiture, la bactérie, l'homme louche dans un imperméable. De l'autre côté, se trouve quelque chose de tellement vulnérable et pourtant si énorme. Il y a une part d'impossible dans la connaissance d'un bébé. Entre ces deux incertitudes il y a le parent ; complètement responsable, surtout impuissant, piégé dans un cercle de culpabilité et de protection qui se rétrécit sans cesse jusqu'à ce qu'une passivité paralysante s'installe. Il y a là une sorte de libération aussi : le transfert de la hantise, de soi à l'enfant, est si entier qu'il vous fait disparaître. Pouf ! Ne faites pas attention à moi !

La mère martyre est portée aux nues, quelqu'un qui a tout donné. C'est grâce à elle qu'on se trouve tous ici. Elle est également, et pour elle-même aussi, une enquiquineuse.

Je pense que les mères s'inquiètent plus que les pères parce que l'inquiétude les maintient enceinte. S'inquiéter, c'est posséder, contenir, tenir. C'est la plus tenace des émotions. Une angoisse – et un angoissé ne lâche jamais. "Ça n'en finit jamais", dit ma mère. "*Ça n'en finit jamais*", ça signifie l'amour, mais aussi le tracas.

Puisque l'inquiétude n'est pas narrative, elle ne bouge pas, elle ne change pas. Elle ne se résout pas. Elle est faite pour durer pour s'accrocher. Et parfois c'est terrible d'être celui à qui on s'accroche, agaçant surtout, parce que l'objet de l'anxiété ce n'est pas nous, en fait. Nous glissons comme des fantômes hors des têtes de nos parents, les laissant là, s'agripper à quelque chose qu'ils appellent par notre prénom, parce qu'une mère n'est pas capable de lâcher son enfant. Et puis, beaucoup plus tard, en cas de besoin, ou de tragédie, ou avec l'usure de l'âge, on se glisse à nouveau sous son emprise, parce que parfois on a simplement envie d'être tenu par sa mère, dans son cœur, si ce n'est dans ses bras, comme elle aussi est encore tenue par sa propre mère, même maintenant, de temps en temps.

OUBLIER

Bébé marche à quatre pattes et j'ai oublié celle qui ne savait pas marcher à quatre pattes. Elle n'arrête pas de se substituer à elle-même.

CE QUE ÇA FAIT

Voilà ce que la maternité m'a fait. Je ne peux pas regarder de films violents (avant, j'aimais bien les films violents). Je ne peux même pas regarder ceux où la violence est assez ironique (avant, j'adorais l'ironie). Je pleure aux enterrements. Je regarde avec envie la route de l'aéroport. Je suis indulgente au point d'être négligente avec mon corps. Je fais les boutiques que fréquentent les grosses. (C'est un endroit complètement différent.) Durant des mois, je n'ai pas fait du tout de shopping.

Je ne me souviens pas avoir déjà été plus vulnérable ou craintive. Un jour, je vais devoir laisser sortir mes enfants tout seuls, quand ils auront, par exemple, trente-cinq ans. Et quelqu'un sera peut-être méchant avec eux et je ne serais pas là pour casser la gueule à ce salaud.

Entre-temps, je suis gentille avec toutes sortes de personnes avec qui je ne prenais pas la peine de l'être auparavant : les docteurs, les infirmières, les éducateurs de Montessori, et avant tout, les autres mères, qu'elles soient de mon genre ou non. Cela m'embête parfois, mais bon, il y en a tant qui méritent, aussi, d'être aimés.

Un jardinier lit la rue à travers ses magnolias, quelqu'un qui veut changer d'adresse la lit à travers les prix immobiliers, moi je la lis à hauteur des genoux. Je vois des enfants partout, et ils sont partout entourés de dangers ou de plaisirs que je guette, même si ça ne me regarde pas : Oh, oh, voilà le marchand de glaces. Je regarde leurs chaussures et leurs cheveux, si les petites filles ont des rubans ou des barrettes et s'ils sont en train de sourire ou de grimacer ou crier comme des dingues. Également s'ils sont beaux. Après quoi, je lève le regard et je vérifie leurs mères. Je les compare à moi, leur âge, leur surpoids récent, leur désespoir. Puis je leur souris un petit peu. Puis elles me sourient un peu en retour.

Les choses que l'on connaît.

Il faut parler à un bébé et lui sourire de temps en temps. Et tous ces sourires peuvent vous donner le sentiment d'être étrangère à vous-même, où bien ça peut vous rendre de bonne humeur, ou les deux. Personnellement, je trouve que c'est un bon exercice. Je n'ai aucun problème pour porter le masque du sourire ni pour les câlins et les chatouilles et se rouler par terre, jusqu'à ce qu'il faille s'arrêter pour préparer le dîner. La maternité est pour moi une chose simple. C'est une simplicité qui a été gagnée, et j'en suis assez fière.

Voici les choses qui me manquent : nager avec Martin, nous deux en même temps dans la mer, et personne qui garde le bébé à la place. Sortir sans me soucier de quoi que ce soit, ça me manque. L'infinie préparation des affaires, leur déballage, je déteste, je déteste, je déteste. Tout ce fatras.

La maternité m'a rendue plus efficace. Je suppose qu'on ne peut pas faire autrement, en fait. Avant je remettais toujours les choses à plus tard. Il n'y avait rien que j'aimais autant que de tout laisser partir à la dérive, la maison, le boulot, la plante en pot. J'étais une férue adepte du regard dans le vide jusqu'à ce que je sois obligée de sauter du canapé, une heure, un jour, une semaine plus tard. Je pensais que regarder dans le vide nourrissait l'âme.

En fait, la procrastination a quelque chose de vicieux. "Flûte, flûte, flûte", dites-vous, comme un petit lapin dans le pétrin, "Oh, le ferai-je, ne le ferai-je pas, oh, et puis zut", alors qu'en fait, vous êtes en train de dire : "Merde, merde, merde, je vous emmerde tous. *Crève*, plante empotée. *Que tout s'écroule.*"

J'ai appris ça quand le bébé a commencé à marcher à quatre pattes. Si, par exemple, je voyais une épingle à nourrice par terre et je pensais : Oh, on s'en fout, je la ramasserai plus tard, alors, de manière assez nette, j'imaginais le désastre que je provoquerais en la laissant ainsi. Et je me baissais pour la ramasser. D'abord je trouvais ça bêtement fastidieux, d'être tellement aux aguets. Au bout d'un moment j'ai trouvé cela zen et c'est devenu presque agréable.

Quand je pense au chemin que j'aurais parcouru si j'avais su, il y a dix ans, être une femme du présent et non du canapé. J'aurais écrit plein de livres. Je serais peut-être riche. J'aurais fini de repeindre le hall.

Ô MORTALITÉ

Quand j'avais seize ans, on m'a diagnostiqué un cancer lymphatique. Une femme toubib a découvert une glande enflée dans le pli de ma jambe et a pris ma mère à part pour lui glisser un mot à l'oreille. Je ne me rappelle pas notre chemin du retour vers la maison, ni les jours qui ont suivi. Il n'y avait aucune raison, car personne ne m'a dit que quelque chose n'allait pas.

Je me souviens cependant du regard que mon père m'a lancé quand j'étais en train de me brosser les cheveux devant le miroir du couloir. Il ne s'est pas rendu compte que je pouvais le voir dans la glace. Je me souviens également de ma mère éclatant en larmes quand je lui ai dit avec grand plaisir que j'avais perdu beaucoup de poids. Mais de manière générale j'étais au summum de l'adolescence et c'était une époque joyeuse, presque électrique. A chaque pause déjeuner je courais trois kilomètres jusque chez une copine qui roulait à bicyclette derrière moi, juste pour fumer une cigarette. Puis on courait trois kilomètres pour rentrer. C'étaient les cigarettes les plus saines que j'aie jamais fumées.

Un mardi ou mercredi, je suis allée à l'hôpital, faire une biopsie d'une glande dans le cou. Quand je dis que personne ne m'avait dit que quelque chose n'allait pas, ce n'est probablement pas la stricte vérité. Je crois que ma mère a essayé de me dire que ça pouvait être grave, mais je lui ai dit de ne pas être bête. J'ai trouvé l'opération assez excitante. Ça s'est fait sous anesthésie locale dans une salle plutôt cosy. Le chirurgien a fait une incision, et puis il a glissé ses doigts autour de quelque chose dans mon cou (pas "dans" au sens où votre gorge est dans votre cou, mais dans la chair de la chose). Pour ce faire, il a dû pousser et écarter, ce qui aurait pu être simple, mais n'a pas été facile. J'y pense de temps en temps, quand je vois quelqu'un charcutant un poulet par exemple, combien le corps est coriace à l'intérieur. Quand il a mis la main dessus, il a tiré pour la libérer. Tandis qu'il tirait par saccades, je pouvais sentir quelque chose se tendre à l'aisselle et à l'aine. Tout est relié. J'ai pensé aux différentes cartes géographiques à l'intérieur du corps, la carte vivante du système sanguin, que je savais exister, et ce système secret des nodules lymphatiques (ne me demandez pas ce que ça peut-être). *Drainage*, là s'arrêtaient mes connaissances. Le chirurgien tiraillait sur la tuyauterie de mon corps. J'ai comme l'impression qu'il a hissé son genou sur le rebord de la table pour trouver un point d'appui. Mais c'est impossible, n'est-ce pas ?

Quand il a suffisamment sorti la chose, il a fait des entailles de chaque côté et a soulevé une assiette en forme de haricot. On avait papoté tout le long, alors une fois qu'il a eu terminé, je lui ai demandé si je pouvais regarder. Dans le temps, il me semble que les enfants avaient le droit de garder leurs amygdales dans un bocal, alors j'étais étonnée que le chirurgien semble choqué, se figeant une seconde, avant de dire : "Non, je ne pense pas."

J'avais été tellement bien et courageuse durant toute l'opération que je suis tombée directement dans les pommes une fois que c'était fini. Après ça, je suis retournée à l'école, aux petits copains, et à mon sprint quotidien de six kilomètres pour fumer une clope. Quelques semaines plus tard je suis allée avec ma mère consulter le médecin, qui nous a souri et dit que tout allait bien. Cela ne m'a pas surprise, mais j'étais très étonnée de voir ma mère courir à la cabine téléphonique dans le couloir. Elle tremblait trop pour y insérer la pièce. Une fois qu'elle s'est enfin débrouillée pour composer le numéro, elle a simplement dit à la personne qui a répondu : "Ça va, tout va bien", puis elle a raccroché. Quand j'ai insisté pour qu'elle m'explique, elle m'a dit : "Ne dis pas à ton père que je te l'ai dit, ne le dis à personne, mais le docteur m'avait dit que tu allais mourir." Evidemment, le plus bizarre dans cette phrase, c'est le *Ne le dis à personne*, tel que je me le rappelle maintenant, mais ça c'est ma famille toute crachée.

Alors le diagnostique du toubib avait été, pour le moins, alarmiste. J'aurais dû aller voir le vieux salaud, brillant et grincheux, du bout de la rue, mais j'avais insisté pour voir une femme. C'est peut-être parce que le vieux grigou m'avait viré de son cabinet une fois, quand je lui avais dit que j'avais mes règles. "Je ne peux pas vous examiner comme… comme… comme ça." (Cet homme était un Dieu dans notre quartier. Pas pour moi. Il y a quelques années, ma mère m'a dit qu'il était mort en allant promener son chien. J'ai demandé : "Et comment va le chien ?")

Les docteurs, ils sont formidables, non ? J'y pense parfois quand les gens se plaignent d'un manque de toubibs dans leur quartier. Il me paraît parfaitement évident que moins il y a de toubibs, mieux on se porte et qu'on devrait décourager les gens d'aller les voir. Je pense parfois à cette femme, avec son air de matrone. Je me souviens d'un chapeau en tweed, mais ça ne peut pas être vrai. Elle devait être tête nue, la femme qui a dit à ma mère qu'il me restait peut-être six mois à vivre, peut-être moins, la femme qui a dit qu'il fallait informer l'école pour ne pas qu'ils me mettent trop la pression pour mes examens. Les semaines entre le diagnostic et les résultats de la biopsie ont dû être de sacrées vacances pour moi. Tous mes défauts étaient transformés en gloire. J'avais peut-être été trop maligne et têtue pour vivre avec, mais j'étais certainement trop jeune et trop brillante pour mourir.

Je n'ai jamais fini par bûcher ces examens-là, je suis devenue chrétienne "renaissance" avec ma camarade de déjeuner et on allait à la prière à vélo, des flacons de whisky dans nos paniers et ces grandes carafes de vin californien qu'on peut décapsuler d'un coup de pouce. On était assez ferventes et rebelles.

Je n'avais pas été catholique depuis des années mais maintenant que ma *non-mort* avait eu lieu, j'avais une bonne raison pour me reconvertir. Et puis il y avait autre chose, encore plus simple. Ça s'est passé quand j'étais debout à côté de la cabine téléphonique à l'hôpital, face à ma mère, insistant pour qu'elle me dise ce qui était en train de se passer.

Le corridor était animé, mais ma mémoire nous enveloppe toutes les deux d'un blanc dans lequel les passants s'estompent pendant qu'elle me raconte la vérité. Ce n'est pourtant pas cette blancheur, la chose la plus étrange. Le plus étrange est la pensée qui surgit dans mon cerveau sans le moindre indice ou prémonition. Ma mère dit, tout d'un coup : "Ne le dis à personne, mais le docteur a dit que tu allais mourir." Et la phrase que j'entends au beau milieu de ma tête, la phrase qui est survenue, est : "Rentrer à la maison." Ou bien, peut-être juste le mot "maison". Et avec ce mot, ou ce sens du mot, il me vient (j'ai honte de le dire) une explosion, une suffusion, une expérience de lumière qui m'était très agréable.

C'est la pure vérité. Je dis vrai sur la lumière et le mot au centre de ma tête (un endroit *avec* lequel on n'entend pas des choses normalement, si vous voyez ce que je veux dire). Je suppose que c'était le choc. Mais je n'ai aucune idée de pourquoi ça s'est manifesté de cette manière-là et pas d'une autre. J'ai seulement une très vague idée de pourquoi "la mort" et "la maison" étaient la même chose pour moi à seize ans et les deux si agréables. Quoique, comme on le sait, la mort c'est enchanteur pour les jeunes.

Durant ma deuxième année à la fac, Martin m'a donné le rôle de Constance dans une présentation d'étudiant du *Roi John* de Shakespeare. Il aimait beaucoup la rhapsodie qui disait : "La mort, la mort, oh aimable mort : Ô mort aimable et chérie !... Viens à moi en grinçant des dents et je croirai que tu souris, et je te donnerai le baiser d'une épouse !"

Il disait tout le temps : "Rends-le drôle. Rends-le drôle." Après ça, il a baissé les bras. Ma morbidité l'a toujours agacé, dérangé. Il a fini par l'ignorer pour que je ne puisse pas m'en servir contre lui. Il a bien fait.

Quelques années plus tard, je me suis retrouvée dans une chambre en Angleterre, en train de rentrer à la maison pour de bon, avec une bouteille de somnifères à la main, de l'alcool puissant et divers instruments de destruction. Je pourrais décrire tout ça (les murs gris foncé en parpaing, les rideaux au rayures oranges, le lit d'étudiant inconfortable), mais j'ai toujours trouvé que parler de suicide est un acte profondément contradictoire. C'est une sorte d'oxymoron. Les seules personnes qui peuvent bien en parler sont mortes.

Je n'aime pas cette inflation du *moi* associée aux tentatives de suicide. Et je déteste la tristesse redoublée quand elles échouent. Cela vous paraîtra peut-être dur, mais ceux qui essayent de se suicider ne sont pas, par définition, les plus gentils envers eux-mêmes. Pas pendant une certaine période, en tout cas.

Et bien sûr qu'on passe un bon moment à se demander pourquoi on s'est brouillé avec le monde, temporairement, le lundi de Pâques 1986, alors que ce n'était peut-être qu'une gueule de bois catholique, un vestige du début de ma vie passée à prier un corps mort sur un bout de bois. Peut-être que j'avais le Trouble Affectif Saisonnier, peut-être que c'était génétique, peut-être que c'était mes vingt et quelques années, peut-être que c'était l'Irlande des années quatre-vingt.

Plus je vieillis, plus je deviens politique vis-à-vis de la dépression, ou moins essentialiste (ce n'est pas à cause de qui on est, mais où on se situe). L'Irlande s'est brisée dans les années quatre-vingt, et parfois, je me dis que la fissure a eu lieu dans ma propre tête. La dispute constitutionnelle sur l'avortement était une guerre civile morale pour laquelle on se bagarrait dans les foyers – y compris dans le mien – avec une amertume insondable.

Le pays se hurlait dessus à propos de la contraception, de l'avortement et du divorce. C'était une époque affreusement misogyne. Pas le meilleur des environnements pour une jeune femme se construisant une identité sexuelle, si l'on peut dire, surtout une qui a une morbidité adolescente et des tendances vers l'effusion extatique, une qui se dépassait, mais dans le mauvais sens du terme, une qui était à la fois dissidente et brillante. Enfin, faut-il faire un dessin ?

Beaucoup de personnes que j'ai connues à la fac ont quitté le pays dans les années quatre-vingt. Les journaux ont dit que les gens immigraient pour le travail, mais la plupart de ceux que je connaissais sont partis parce qu'ils ne pouvaient plus respirer. Ils sont partis parce que l'endroit ne rimait à rien. Comme moi, j'ai fini par le faire.

Moi je suis partie à l'ancienne, sur le bateau pour l'Angleterre, avec une machine à écrire et une seule valise. Je ne me suis pas tenue debout à la proue du bateau, mais j'avais, à ce moment, tout laissé derrière moi. J'avais l'impression d'avoir fait un ballot de ma vie et de l'avoir jeté vers ce moment-là. J'allais devenir écrivain, parce que c'était ce que faisaient les gens comme moi. Et ainsi je me suis assise dans une maudite petite pièce en parpaing de 20 heures à 4 heures du matin, toutes les nuits, pendant huit mois d'affilés. Et j'ai découvert que je n'y arrivais pas. Que je ne savais pas le faire. Je ne pouvais pas écrire. En tout cas, c'était mon excuse à l'époque.

Enfin, je me suis réveillée en vie, dans la mesure où je n'étais pas morte, le lendemain du lundi de Pâques, un mardi sans nom, et puis je me suis rendormie durant seize heures de plus. Lorsque je me suis réveillée pour la deuxième fois, le monde était très tendre, et j'y suis rentrée, contente d'être encore là, ou assez contente, en tout cas. Et, bien que je ne l'aie dit à quasi personne, j'ai pas mal aimé mon suicide. Je me suis sentie vaguement comblée. Je me suis sentie renouvelée. Et les années qui ont succédé étaient animées, intéressantes et assez bonnes, sauf que j'avais toujours comme un vieux bonbon au fond d'une vieille poche, un je-ne-sais-quoi, un manque, une envie de mourir.

Je trouve tout ça un peu dégoûtant maintenant. C'est facile d'écrire de jolies phrases sur ce genre de choses, mais la dépression fonctionne là où les gens détestent à la fois les autres et eux-mêmes. Elle attire la complication, la paranoïa, l'impossibilité, les dérives, les ricanements et la fierté. Ces émotions sont irrégulières et contagieuses ; elles se déroulent non seulement en vous mais également entre vous et tout le monde dans la même pièce. Les dépressifs pensent qu'ils sont très réservés, mais en fait ils ne cessent de suinter la tristesse, la haine et la banalité, car c'est également un état terne, comme tout le monde le sait, un vieux machin gris. Mon Dieu ce que j'ai détesté être déprimée : on ne fait que des mauvais choix. Pour deux années de merde, on à une semaine où l'on se prend pour une artiste.

Au moment où je me suis effondrée au sens le plus entier, le plus social, je travaillais comme productrice télé, et les producteurs télé font des dépressions nerveuses de la même manière que les vieilles dames ont des plantes en pots : ce n'est que ce que requiert notre situation. Mais je n'allais pas me tuer à cause de la télévision, j'allais me tuer parce qu'… en fait, à ce stade, j'avais même perdu ça, le bonbon au fond de ma poche. Et, bien que je fonctionne à peu près, j'avais une telle détresse, un tel état d'angoisse solide que j'aurais fait n'importe quoi pour y mettre fin.

J'ai été sauvée par un *bon* toubib (il doit en exister de deux sortes, comme les fées), qui était le premier à poser les bonnes questions. Il en a débité toute une liste, comme il avait été formé à le faire, et m'a recommandé à un psychiatre qui m'a obtenu un lit, deux jours plus tard, dans une sympathique résidence bourgeoise pour les larmoyants, où j'ai coulé comme une pierre, et où je suis restée submergée durant quelques mois. J'étais dopée jusqu'à la moelle. Une telle tranquillité. La vie était comme un poste de télé dans la pièce d'à côté. C'était juste quelque chose qu'on a oublié d'éteindre pour un moment, de la compagnie.

Dans les hôpitaux, les couleurs se manifestent par blocs. On se tourne du vieux blanc du plafond vers le nouveau blanc des draps, on se permet de se faufiler un moment et habiter parmi les rideaux couleur rose chair, et on écoute les pleurs des femmes qui ont de charmantes maisons où elles ne peuvent plus habiter ; une belle femme dans un pyjama en soie blanche qui se balade dans le corridor en train de sangloter pendant qu'une infirmière la guide par l'avant-bras et le poignet, disant : “Ce n'est que chimique. Ce n'est que chimique.” Tout ça pendant qu'on se tient là, debout, en train de regarder la pièce de monnaie qu'on a gardée pour le téléphone et qu'on n'utilise jamais.

Même si personne ne sait ce qui ne va pas, tout le monde a trop de tact ou trop d'hésitations pour nous rendre visite, tout le monde sauf deux amis gays qui ont vu tout ce qu'un hôpital peut faire, et connaissent le réconfort d'un bon peignoir. Même eux semblent interloqués par le vide de l'endroit, ou peut être le vide dans ma voix après tous les cachets. Dans la salle des fumeurs, l'un deux regarde un crucifix qui est attaché à un fil électrique sur le mur. Il dit : "Ça alors. Je ne savais pas qu'Il avait été électrocuté.

— Qui ?

— Le Christ. Je ne savais vraiment pas qu'ils l'avaient tué comme ça."

Une blague sur laquelle je subsiste durant plusieurs jours, avec un CD que Martin m'a apporté avec un baladeur pour l'écouter.

Il y avait une autre femme avec moi dans la chambre, dont la vie était vraiment triste, alors que la mienne n'était que de traviole. Elle maintenait son visage tourné vers le mur. Lorsque j'ouvrais le rideau pour aller aux toilettes, je pouvais voir son épaule pointer sous la couverture, la courbe de sa hanche et l'inutile ligne de ses jambes.

L'infirmière entrait de temps en temps et nous criait nos noms : "Bonjour, Anne. Bonjour, Connie."

Elle aurait dû être "Mademoiselle" quelque chose, Patterson, ou Hanley, ou Maguire. Elle avait peut-être cinquante ou soixante ans. Respectable, comme dans le temps. Je sentais qu'elle trouvait dans la perte de l'intimité une irritation. Sa chemise de nuit en finette lui arrivait à la cheville. Elle était à motifs, avec un plastron bordé d'un ruban bleu et avec une dentelle de coton. Elle avait des pantoufles masculines, écossaises, et la robe de chambre était un machin en chenille de coton rose avec des fils tirés, qui pendouillaient.

Il a fallu une semaine ou plus avant que je ne lève les yeux de tout ça pour regarder son visage.

Je portais une chemise de nuit pour homme, blanche avec des rayures bleues, déchirée autour du cou, inexplicablement. Ma mère a insisté pour la ramener à la maison la recoudre.

Mes parents venaient tous les deux jours et Martin venait les autres jours. Connie n'avait pas de visiteurs. Evidemment, elle était célibataire et ses parents étaient morts. Il aurait dû y avoir un comité de femmes pour partager la semaine et venir tous les deux jours. Mais Connie était seule. Elle s'accordait un petit moment à elle.

Nous sommes restées ensemble durant deux semaines ou peut-être trois, ce qui représente beaucoup de centaines d'heures ; éveillées à de drôles d'heures et endormies à de drôles d'heures. Nous nous levions pour fumer une cigarette, ou aller aux toilettes, et recevions nos visiteurs (dans la mesure où nous en avions) et nous attendions. Je ne savais pas ce que j'attendais, mais elle, elle attendait que les drogues fassent effet, car c'était une vieille récidiviste.

Mes parents lui disaient bonjour quand ils entraient dans la pièce, ce qui me rendait encore plus consciente de combien je ne lui adressais jamais la parole, et réciproquement. Elle se détournait à ce moment-là, par pure morosité, mais également par pitié pour cette visite quotidienne, et ce qui allait peut-être se dire.

("Non, ils n'ont pas encore fait de repas au baryum ; en fait, je n'ai pas d'ulcère peptique.") Je pouvais faire la différence entre son dos qui écoutait et son dos qui n'écoutait pas. Elle était consciente des mots prononcés dans la pièce seulement par moments.

Oh, mais elle a sursauté. Elle a sursauté, quand le docteur est entré avec un sourire et a énoncé avec prudence et précision ses médocs. Il parlait de différents mélanges et ce qu'ils pouvaient essayer ensuite ; il a mentionné le lithium, alors j'ai su qu'elle allait assez mal.

Moi, j'allais mal, mais pas si mal que ça. Pour commencer, je n'avais pas de docteur qui me parlait comme s'il présentait une émission pour enfants. Je ne le regardais pas pour susurrer, "Oui, docteur" en m'agrippant aux couvertures tirées jusqu'au menton, comme un enfant de cinq ans. Mon docteur (qui était une femme) savait que j'étais déprimée, pas sourde. Elle ne discutait pas de mes médicaments devant d'autres patients. Je lui parlais avec des phrases entières, pas avec le ton plaintif, guindé : "Non, docteur, je crois que c'est encore pire, aujourd'hui."

"Bonjour", disais-je à mon docteur, lorsqu'elle entrait, et "bonjour", me disait-elle, et "bonjour, Connie", à la femme à qui je n'avais jamais parlé, qu'on devait appeler par son prénom.

"Bonjour, docteur", disait-elle.

Tout le monde devait être gentil avec nous. Comme si on ne s'en foutait pas.

Je ne sais pas si elle dormait ou pas. Elle ne pleurait jamais. Elle chuintait un petit peu. Je pouvais l'entendre chuinter, de temps en temps.

Un jour, une femme est venue lui rendre visite. Elle a amené ses enfants. Je pouvais les entendre de l'autre côté de la porte, leur excitation et leur trépignements dans cette salle glauque. Connie en était très fière, ainsi que de sa nièce, ça devait être elle qui les lui avait amenés.

Elle est rentrée et m'a lancé un regard hautain, comme si je l'avais sous-estimée, énormément. Mais bon, on était toutes les deux trop fatiguées pour tout ça. Un tel événement pouvait nous faire régresser de plusieurs jours.

Après un certain temps, elle a commencé à récupérer sa rage. Le grand chantier dans sa tête a redémarré, je pouvais le voir dans la façon dont elle soupirait, dont elle clignait des yeux vers le plafond ou s'en détournait. C'était une vieille femme qui avait peur. C'était une enfant de cinq ans. Moi j'avais le monde devant moi et je ne prenais même pas la peine d'être polie. Tout ça, je le savais même si on ne se parlait pas. C'était l'expression sur son visage, son petit visage pincé, sauf que maintenant quelque chose coinçait.

Malade. Tout ça, c'était une nouvelle langue pour moi. Combien de temps avant de ne plus avoir de sentiments, seulement une direction, comme Connie, avec ses hauts ou ses bas.

Ce n'est que "chimique".

Il fallait que je me refasse. Il fallait que je me défasse. J'étais un mélange chimique. J'étais un chien qu'il fallait promener, sinon il allait mordre. Il fallait que je fasse attention à moi, comme à une tasse confiée à un enfant qui doit la porter sans la renverser. Il fallait que je réfléchisse au pouvoir, parce que j'étais entourée d'impuissants. J'étais l'un d'eux. J'avais perdu, abandonné. Je n'assurais pas. Je refusais de participer ou de m'engager dans quoi que ce soit. Je ne pouvais pas admirer. Je ne faisais pas confiance.

Je me souviens de la fenêtre ; la gentillesse impuissante de mon père qui s'asseyait devant, et ma mère qui voletait autour. Ou Martin qui a le chic de l'immobilité, s'asseyant avec moi dans la salle des fumeurs. Je me souviens avec un respect considérable, du paquet de bonbons acidulés qu'il m'a acheté. J'ai su au moment où je me suis redressée et assise droite dans le lit pour les manger, que j'allais guérir. Un an pour le vert et un an pour le noir. Je les égrenais. Peut-être deux ans pour le jaune.

Un jour, Connie s'est redressée et s'est peigné les cheveux.

Tout ça s'est passé il y a beaucoup d'années. Je me demande si je l'ai croisée dans la rue depuis. Je me demande si elle est morte, ou si elle est guérie. Probablement ni l'un ni l'autre, un peu plus mal, sans grande différence. Vu la manière avec laquelle elle parlait au docteur : "Oui, papa. Non, papa", je suppose que ce qui a fait basculer Connie a eu lieu quand elle était très petite. On était le contraire l'une de l'autre d'une certaine façon. Le point où elle était le plus endommagée était celui où j'étais la plus heureuse. Il était temps que je prenne ma bonne étoile au sérieux et que je rentre chez moi (pour qu'il n'y ait pas de confusion avec le "à la maison" de tout à l'heure).

Une vigilance impitoyable est de mise autour d'un dépressif en convalescence, et comme pour les alcooliques qui ne sont jamais guéris, ça demande beaucoup de rigueur. Pas de couteaux pointus. Pas de lésions sur la peau. Pas de bains après le coucher du soleil. Pas de poches. Pas de rochers. Il faut apprendre à accepter beaucoup de choses : que les matins sont comme ça et c'est tout ; que certains jours, on ne va pas quitter la maison. Un sondage qui a été fait auprès de quatre-vingt-six mille infirmiers et infirmières sur vingt ans a montré que ceux qui ne buvaient pas de café était deux fois plus susceptibles de se tuer que ceux qui en buvaient au moins deux tasses par jour. Alors il faut boire du café. Il faut éviter les infirmiers et il faut manger des avocats. Il faut recevoir la lumière du jour. Parce que comme tout le monde, on a nos préférences et nos aversions, sauf que chaque choix qu'on fait mène directement à la vie ou à la mort.

Durant six mois, les médocs ont transformé toutes mes pensées en symptômes, et m'ont fait questionner tout ce qui faisait que j'étais moi. Ils ont démantelé ma personnalité. Le bonheur chimique qui m'a gagné furtivement n'était pas un bonheur joyeux, mais ça m'a gardé en vie et après un moment je suis arrivée à en apprécier la tonalité molle et humide. J'avais un endroit où me tenir. Une fois que je serai capable de réfléchir à nouveau, je pourrai prendre des décisions, je pourrai changer les circonstances de ma vie et donner ainsi à la vie même une chance de revenir.

Alors, après un intervalle décent, j'ai laissé tomber le boulot, épousé le mec et écrit quelques livres. C'étaient des livres fragmentés, car c'était ce que je connaissais, mais également, me suis-je plu à penser, parce que je vivais dans un pays fragmenté. Ils étaient un peu irréels, parce que l'Irlande était irréelle. Ils traitaient des idées de pureté, parce que la chasteté des femmes irlandaises était un des mythes fondateurs de l'Etat-nation. (Enfin, telle était mon excuse.) Mais ils étaient également pleins de cadavres. De beaux cadavres, des bavards, des sexy, des amers ; des cadavres qui ne pardonnaient pas, qui ne pourrissaient pas. Qui était le cadavre ? C'était moi, bien sûr, mais également le Christ, le corps mort sur un bout de bois. Et c'est le passé qui se couche, mais ne se tait pas, la vérité grosse comme un éléphant que l'on refuse de voir au beau milieu du salon de la nation. Il y a une attitude irlandaise envers la mort qui est à la fois tranquille et honorable, quelque chose à voir entre la dignité de l'individu et le pudique renoncement de l'individualité. Les infirmiers des services de soins palliatifs sont comme les sages-femmes : ils comprennent la douleur et la travaillent jusqu'à un dénouement qui est très souhaitable. Les catholiques réussissent bien la mort, en règle générale. Peut-être que j'ai juste réagi avec un peu trop d'élan.

Mon ami, qui avait montré le Christ électrocuté, suspendu sur le fil électrique au mur, est mort trois ans plus tard. J'ai pensé à lui l'autre jour, lorsque je montais l'escalier. Je me souviens d'être allée à l'hôpital un jour où je m'attendais à y trouver son corps mort, alors que je l'ai retrouvé redressé dans son lit, avec son compagnon et sa famille à côté, en train de manger un yaourt. C'est très courant, ça. Les femmes antédiluviennes en particulier reviennent pour juste un yaourt, deux yaourts, encore vingt yaourts pour la route, et ce sont des moments d'une telle douceur et d'une telle grâce : juste une minute de plus de quelqu'un qu'on aime, à croire que chaque seconde de la vie était seulement une seconde de plus de félicité.

Et puis ils meurent. Une histoire tellement merdique. La vraie mort, c'est un sacré boulot. Le deuil aussi, c'est un sacré boulot. Et après tout ça, on ne vous les rend jamais. Baryum

La vraie mort m'a guérie des fausses morts que j'avais subies, avec tout leur ressac lyrique. J'étais trop en colère, maintenant, presque irritée par toute cette histoire. Ce n'était pas une perspective attrayante, après tout.

Chaque année, à l'anniversaire de la mort de mon ami, je pense à ce qui a changé depuis qu'il n'est plus en vie. Pendant de nombreuses années, il n'y avait rien à signaler, pas de nouvelles pour les morts. Il y avait des changements matériels, de l'argent, ou le manque d'argent, un changement d'adresse, des juxtapositions improbables de personnes qu'il connaissait. *(Tu es partie en vacances avec qui ?)* Mais pendant longtemps, quand je le vérifiais, mon cœur battait moins que ce qu'il me tiraillait. Une cicatrice.

Je suis encore un peu bizarre. Je ne sors pas beaucoup. J'ai une capacité occasionnelle à attirer les névroses des gens ou à flairer leurs blessures. Alors j'aime bien avoir un peu de distance. Je garde mes petites paranoïas, j'en ai un petit arsenal, une névrose, tranquille, mais hautement résistante, sur l'ouverture et l'envoi des lettres, par exemple, et une attitude assez étrange envers toute la question de me faire couper les cheveux. Mais peut-être que ça, c'est relativement normal à quarante et quelque.

Et du côté positif – une famille, un mariage – ce bonheur délibéré. Je m'assois dans mon jardin et suis profondément reconnaissante. Et je ne sous-estime jamais combien les gens travaillent dur pour être normaux.

Enfin bon, je montais l'escalier avec le bébé dans les bras. Il pèse une tonne. Entre une marche et une autre, j'ai oublié pourquoi je montais, ou me suis souvenue que j'avais oublié de prendre quelque chose avec moi, et dans cet interstice s'est glissé le souvenir de mon ami mort, redressé dans son lit, en train de manger son yaourt. Ça faisait un moment que je n'avais pas fait un petit contrôle – un moment que je ne m'étais pas demandé comment c'était d'être en vie – et quand je l'ai fait, j'ai trouvé que c'était facile. Être en vie était facile. Et plus que ça, je m'étais tellement habituée à la gratitude et au soucis maternel pour l'avenir, et j'ai découvert que je ne voulais plus mourir du tout, pas avant très longtemps. Je n'ai aucune idée de quand le changement a eu lieu, mais ça s'est fait. Il n'y a pas de dettes, pas de qualificatifs, pas de grandes pensées. Et plus encore, j'ai envie de faire irruption dans ma vie comme un braqueur de banque, criant à ma famille et à chacun de mes amis : "Personne ne bouge, d'accord ? Personne ne passe cette porte."

L'été a été si beau. Je dors le matin pendant que le bébé dort et, une fois qu'il se réveille, je le nourris et le mets illico dans la voiture. On va à une plage du coin, dans une petite ville qui est pleine de personnes âgées. Je les observe : une femme en robe de chambre et en pantoufles, s'avançant vers la lisière des vagues. Elle doit avoir quatre-vingt-dix ans. Elle a un air si féroce, comme s'il lui fallait entrer dans cette mer irlandaise et glacée, même si c'était la dernière chose qu'elle fasse à jamais. Une autre femme est encore plus vieille, si c'est possible, complètement courbée, avec des bras comme des balais, en dessous desquels – bien en dessous – pend la chair. Elle se tient dans l'écume avec ses mains posées sur ses hanches, et elle pointe sa vieille tête vers l'horizon.

Je me change sur la plage de galets, me précipite dans la mer et nage droit devant moi. Puis je me retourne et jette un œil sur le bébé qui me regarde depuis sa poussette, perché sur la ligne de la marée haute. Je lui ai laissé mon T-shirt pendant que je suis partie, et il l'agite et le mâchouille ; un petit charivari de couleurs sur les cailloux.

TABLE

OUVRAGE RÉALISÉ
PAR L'ATELIER GRAPHIQUE ACTES SUD
ACHEVÉ D'IMPRIMER
SUR ROTO-PAGE
EN DÉCEMBRE 2007
PAR L'IMPRIMERIE FLOCH
A MAYENNE
POUR LE COMPTE DES ÉDITIONS
ACTES SUD
LE MÉJAN
PLACE NINA-BERBEROVA
13200 ARLES

DÉPÔT LÉGAL
1re ÉDITION : JANVIER 2008
N° impr. : 69951
(Imprimé en France)